AF388338

Augsburger Wahlk(r)ampf

-

Wie man mit einer 11-Mann-Liste einen Stadtratsitz für Die PARTEI holt

Von Thomas Heigl

Bibliografische Information der Deutschen Nationalbibliothek: Die
Deutsche Nationalbibliothek verzeichnet diese Publikation in der
Deutschen Nationalbibliografie; detaillierte bibliografische Daten
sind im Internet über dnb.dnb.de abrufbar.

© 2021, Thomas Heigl
Herstellung und Verlag: BoD – Books on Demand, Norderstedt

ISBN: 978-3-7543-4492-7

Danksagung

Mein unendlicher Dank geht an alle, die mir während dem Sammeln der Unterstützerunterschriften gut zugesagt, mich begleitet, mir geholfen, warme Sachen in Form von Lebensmitteln und Kleidung kostenlos gestellt haben, und uns während des Wahlkampfes in irgendeiner Form unterstützten. Ein großes Dankeschön an alle Mitglieder des Kreisverbandes Augsburg der sehr guten Partei Die PARTEI. Ich küsse eure Augen! Vielen Dank an meinen Genossen Tobi, für das Erstellen des Covers! Merci an die lolSPD, an die Spaßpartei FDP und sämtliche anderen Altparteien, dafür, dass ihr uns immer so erstklassiges Material liefert und ihr uns die Machtübernahme so verdammt einfach macht! Und zum Schluss natürlich danke an unser loyales Stimmvieh für jede einzelne Stimme!

Der Autor

Thomas Heigl, geboren 1988 in Niederbayern; Studium mit Bachelor- und Masterabschluss „European Studies" in Passau, Westdeutschland und Winnipeg, Kanada. Durch seine Uniabschlüsse versteht er die europäischen Ausmaße einer Kommunalwahl in Bayern und weiß daher über was er schreibt. Mitglied der sehr guten Partei Die PARTEI seit Oktober 2014. Ohne das Aussehen dafür zu besitzen sich auf der Karriereleiter hochzuschlafen, brachte er es im Kreisverband Augsburg von Die PARTEI bis zum vierten Vorstand und „Minister für innerbayerische Kommunikation". Durch diverse unbezahlte Praktika in der BRD GmbH kann er nun resümieren, dass es außer der Partei Die PARTEI keinerlei Alternativen mehr gibt.

INHALT

Worum geht es hier?

„Es begab sich zu jener Zeit, als sich eine Stadtratperiode in Augsburg dem Ende zuneigte, und dieser neu gewählt werden musste. Und diese Wahl war die im Jahre 2020 und geschah zu jener Phase, da Die PARTEI endlich auf den Wahlzetteln stand. Und jedermann ging, dass er endlich vernünftig wählen konnte, in sein Wahllokal. Da machte sich auch Thomas aus Niederbayern, Parteilakai und Sonnebornjünger, auf in das schwäbische Land zur Stadt der Fugger, die da heißt Augsburg, damit er sich wählen ließe. Und als er dort war, kam die Zeit, dass seine Partei einen Stadtratsitz erlangen sollte. Und sie erhielten diesen Platz, waren zufrieden und legten den Eid ab, denn sie hatten gutes Parteiwerk vollbracht".

Ja, so oder so ähnlich könnte die zukünftige PARTEI-Bibel beginnen, sollte sie denn je geschrieben werden. Ähnlichkeiten mit anderen Romanen fast gleichen Namens sind natürlich unbeabsichtigt. Aber eigentlich wollte ich den Beginn dieser Seiten nur mit etwas mehr Pathos beginnen. Im Grunde geht es hier, wie in der kompletten Politik, um nüchterne Fakten. Im Prinzip aber waren die Zeilen korrekt. Es geschah alles wirklich im Jahr 2020, genauer gesagt im März, als die Kommunalwahl in der Stadt Augsburg abgehalten wurde. Wir von der sehr guten Partei Die PARTEI, der mittlerweile einzig seriösen modernen Turbopolitikpartei, waren zu jener Zeit, in der die Wahlkampfphase begann, im August 2019, immer noch siegestrunken von unserem großartigen Erfolg der Europawahl vom Mai selbigen Jahres. Fragt sich nun einer um welche Partei es hier eigentlich geht? Die Rede ist natürlich von der Partei für Arbeit, Rechtsstaat, Tierschutz, Elitenförderung und basisdemokratische Initiative, kurz Die PARTEI. Sämtliche Fakten bitte selbstständig nachschlagen, danke.

Doch nach der Wahl ist immer vor der Wahl. Außerdem waren wir uns alle einig, dass wir mal wieder eine veranstalten könnten. Passend dazu war die sechsjährige Probezeit des Augsburger Stadtrates unbefriedigend abgelaufen. Und so kam dann recht schnell die Thematik der kommenden Kommunalwahl in Bayern auf. Der Kreisverband Augsburg der sehr guten Partei Die PARTEI wurde 2018 neu aufgezogen und erlebte schon so einiges: eine Landtags- und eine Europawahl. Beides mit dem besten Ergebnis in Augsburg seit Kriegsende. Tendenz steigend. Da wir selbstverständlich nah am Volk sind und dies nicht besser als auf kommunaler Ebene suggeriert werden kann, wurde dies also die erklärte nächste Herausforderung. Nach dem Genuss diverser Spirituosen und hopfenhaltiger Kaltgetränke war man sich schnell handelseinig: Die PARTEI stellt eine Liste! Noch heiser vom Hurra schreien erwachend, folgten aber tags darauf die ersten zweifelnden Stimmen.

„Lasst die Finger von der Kommunalwahl, ihr könnt euch nur blamieren", höre ich noch heute die Obrigkeiten mahnend den Zeigefinger erheben. Aber für mich kein Problem, ich habe mich schließlich schon öfters in der Vergangenheit blamiert. Habe ich doch zum Beispiel schon bei Wahlen freiwillig teilgenommen, bei denen Die PARTEI nicht mal auf dem Wahlzettel stand. Höchst blamabel, aber ich stehe dazu. Wenn ich nur an all das verschwendete Papier von damals denke.

Wir konnten und wollten dem planlosen Treiben in Augsburg also nicht mehr länger tatenlos zusehen und verabredeten uns zu einem gemütlichen Frühshoppen an einem Sonntag im September 2019 zu einer Aufstellungsversammlung. Ordnungsgemäß wurden alle 150 Mitglieder der Stadt schriftlich eingeladen. Um den hochoffiziellen Akt korrekt durchzuführen, wurden Versammlungsleiter der Genossen aus Isar-Preußen (unredlich: München) dazu geholt. Seit Oktober 2014 bei Die PARTEI, sah ich nun meine erste aktive Amtshandlung auf politischer Bühne gekommen. Meine kleine Rede, in welcher ich den harten Schwexit forderte, also „Schwaben raus aus Bayern", überzeugte die anwesenden Genossen so sehr, dass ich den Listenplatz 5 ergattern konnte. Gut, eigentlich überzeugten alle Reden. Den Listenplatz bekam ich wohl aufgrund meines Sitzplatzes in der Nähe der Schriftführerin. Im Endeffekt sind eh nur die ersten 11 Plätze relevant. Der Rest einer 60-Mann-Liste dient in Augsburg nur als plumpes Stimmvieh. Von daher brauchten wir auch nicht mehr als genau diese elf seriösen Politiker, die sich am Ende des Tages auf die Liste verirrten. Und weil wir natürlich als PARTEI dem Trend folgend von 100% plus X ausgehen, mussten wir auch einen passenden Oberbürgermeisterkandidaten stellen. Qualität und Quantität geht bei uns einher, also hätte im Grunde dafür jeder von uns herhalten können. Aber die schnellste Handmeldung in Form unserer Lisa wurde halt genommen. Ein Glückstreffer wie sich herausstellen sollte. Dunkelhäutig und weiblich, wir bei der PARTEI erfüllen halt einfach jede Quote. Transgender war sie nach eigener Aussage leider nicht, aber man kann ja nicht alles haben. Dafür verfügt sie über beste Qualifikationen, war sie doch laut ihrer Biographie früher mal Baumwollpflückerin bei der Firma Söder. Der Anfang war also unter großem Jubel aller Anwesenden (wie auf dem Foto schön zu sehen) erst mal vollbracht. So wie wir 955 bei der Lechfeldschlacht die absolute Mehrheit der Ungarn in Augsburg verhindert haben, so würden wir 2020 auch die der csU (nicht wundern, dies ist die gängige PARTEI-Schreibweise dieser Partei, da wir der Meinung sind, dass die csU den christlichen und sozialen Wert schon länger eingebüßt hat) abwenden können, da waren wir uns alle sicher!

Vorgezogenes Siegerfoto während der Aufstellungsversammlung

Aber bevor diese sehr gute Liste und Lisa von unserem Wahlvolk in den Stadtrat katapultiert werden konnte, mussten noch so genannte Unterstützerunterschriften gesammelt werden. Achja, gemütlich einen Stand in der Innenstadt aufbauen und unsere Fanmassen einfach wieder auf Zetteln eintragen lassen. Man kennts ja schon von der Landtagswahl. Aber Bayern wäre nicht Bayern, wenn auch hier die csU nicht das letzte Wort hätte. Bundesland exklusiv musste man in unserem schönen Freistaat, zu welchem ja auch leider „Schwaben-Light" gehört (unter mir hätte es das wie gesagt nicht gegeben), Unterschriften für eine Kommunalwahl anders sammeln. Hierzu musste das Stimmvieh extra in eine dafür vorgesehene Behörde marschieren und sich in dort vorliegende Listen eintragen. So von der damaligen bayerischen Regierung aus den 90ern, in der noch dunklere Zeiten ala „csU regiert mit über 50%" herrschten, angeordnet. Und das nicht zu wenige Unterschriften: 470 an der Zahl in Augsburg, jeweils für die Stadtratliste, als auch für den Oberbürgermeisterkandidaten. Arbeiterunfreundliche Öffnungszeiten, mit dem Bürgerbüro „Blaue Kappe" eine katastrophale geographische Lage, einem ungeheuren Aufwand mitbringend, und dies alles im kalten Winter. Man fragte sich schon: Warum so kompliziert? Nun, dies wird an passender Stelle später noch aufgelöst.

Doch warum der ganze gedruckte Spaß hier? Dieses Buch soll auch zukünftigen PARTEI-Genossen als Leitfaden dienen, wie man es trotz einer kleinen 11-Mann-Liste bis in den Stadtrat der drittgrößten bayerischen Häuseransammlung schaffen kann. Zukünftige Generationen sollen auch erfahren, wie ich diese turbulente Zeit, vom Sammeln der Unterstützerunterschriften, über den Wahlkampf, bis zum Ergebnis der Wahl erlebt habe. Es ist vieles passiert was wirklich der Nachwelt erhalten bleiben sollte. Danke an dieser Stelle an mein Vergangenheits-Ich für das tägliche Erstellen von Fotos und Notizen. Von neuen Erkenntnissen der Augsburger Bürger, den hilflosen Versuchen der Altparteien und von einer absoluten Erfolgsgeschichte für Die PARTEI.

„Kennen Sie schon Die PARTEI?"
(18.12. bis 05.01.2020)

Und so begann sie nun, die ominöse Zeit die Unterstützerunterschriften einzuholen, damit wir bei der kommenden Kommunalwahl antreten dürfen. Dieses Anfangskapitel werde ich relativ kurzhalten, da ich die Unverschämtheit besaß, schon einen Tag nach Sammelstart, von 19. Dezember bis Neujahr nach Hause, in meine niederbayerische Heimat Niederbayern, zu fahren. Man gönnt sich ja sonst nichts. Aber bis zum 3. Februar hatten wir ja noch Zeit. Ich habe also notgedrungen den Genossen das Feld überlassen, aber schon mal vorne weg: sie haben mich natürlich nicht enttäuscht. Einen richtig starken Tag legten die Parteianer nämlich gleich zum aktiven Beginn, am 21. Dezember hin. Da die Stadt Augsburg gnadenhalber während der gesamten Sammelzeit ganze einmal (!) das Rathaus öffnete – und das sogar an einem Samstag, wow – wurde mit Mann und Maus davor gezogen, um in den Wuselhaufen von „Parteien" einzutauchen. Ich werde des Öfteren das Wort „Parteien" in Anführungszeichen setzen, da ich nicht jede Partei für eine Partei halte, sondern z.B. Spaßgruppierungen, in denen es nur um eigene Egopflege geht. Pünktlich zu diesem Fest der guten Laune kamen auch haufenweise unserer Flyer mit dem sehr guten Wahlprogramm, sowie die Karten mit unserer sehr guten Oberbürgermeisterkandidatin Lisa und den Hinweisen, wo man wann unterschreiben kann. Was sind wir doch für eine Servicepartei, mir kommen die Tränen. Und siehe da, laut der Augsburger Internetpräsenz haben wir nach den ersten drei Tagen, ohne überhaupt etwas zu tun, schon acht Unterstützerunterschriften geholt. Läuft bei uns!

Endlich qualitativ hochwertige Lektüre

Kurz vor der Rathaus-Aktion meldete sich auch das erste Mal unser guter Kumpel Siggi von der DAZ zu Wort. Diesen Gagfeuerwerkzünder werde ich noch des Öfteren erwähnen, weil uns seine Beiträge immer köstlichst amüsiert haben. Er betreibt einen kleinen aber nicht feinen Meinungsblog (Berichterstattung kann man hier nicht sagen), der sich „Die Augsburger Zeitung" schimpft. Werde es immer mit „DAZ" abkürzen. Außerdem nennen wir ihn gern „Diggi-Siggi". Dies hat nichts mit möglicher Körperfülle zu tun, sondern soll auf das Jugendwort „Digger" hinweisen, sapperlott! Da unser Diggi-Siggi auch bis heute nicht gelernt hat, wie man Die PARTEI richtig schreibt, habe ich das großzügiger Weise für ihn übernommen. Mir hätte es im Herzen wehgetan es falsch stehen zu lassen.

Wie es um die Polit-Scherzkekse "Die PARTEI" bestellt ist, war für die DAZ nicht in Erfahrung zu bringen. Lisa McQueen, die das Café Kätchens betreibt und Bürgermeisterkandidatin der Liste Die PARTEI ist, ist sich aber sicher, dass sie mit ihren Leuten diese Hürde überspringen wird. "Die ergibt sich täglich durch die vielen positiven Rückmeldungen, die ich erhalte", so McQueen zur DAZ auf die Frage, woher sie diese Sicherheit nehme (DAZ-Artikel vom 21.12.2019).

Während ich also in der alten Heimat um die Weihnachtstage herum Hotel Heimat im mollig warmen Zuhause genoss, zogen die Kameraden los, um in der Eiseskälte vor dem Rathaus erste Menschen dazu zu bewegen, in eben jenes reinzugehen und zweimal für uns zu unterschreiben. Anhand der Bilder kann ich nur abschätzen, was das für eine absurde Situation gewesen sein muss. Fünf „Parteien", welche alle sammeln mussten, schwirren am Rathausplatz, natürlich außerhalb der angeordneten Bannmeile, umher – von jeder Gruppierung noch bis zu acht angehende Politiker – und wollen den Leuten Flyern in die Hand drücken. Und zu allem Überfluss steht dann dort genau vor dem Rathaus noch diese suizidfördernde Pseudo-Gutelauneansammlung, genannt „Christkindlmarkt". Genau hier muss ich für meine Kameraden von der PARTEI wirklich mal eine Lanze brechen. Ich wäre mit dieser Situation komplett überfordert gewesen. Man stelle sich das nur mal genauer vor. Ich quäle mich durch die Menschenmassen eines am Samstag besuchten Christkindlmarktes, im vollen Bewusstsein mir aufgrund meiner eigenen Dummheit etwas anzutun, weil ich wieder an einem Würschtlstand angestanden habe und wohlwissend, dass es lange dauert, mich über die zwanzig Minuten verschwendeter

Lebenszeit ärgere, und dann will mir auch noch ein Veganer einen Flyer in die Hand drücken und mich belehren? Ich hätte mich nicht beherrschen können. Von daher ein großes Kompliment an meine Mitstreiter, dass sie diese menschenrechtsunwürdige Situation so gut gemeistert haben. Denn die Zahlen sprechen für sich. An einem Tag haben die Genossen knapp einhundert Menschen für Lisa und gute achtzig für unsere Liste zum Unterschreiben in das Rathaus bekommen. Es wären mit Sicherheit noch mehr geworden, wäre die Stadt ein klein bisschen großzügiger gewesen und hätte nicht nur einen Schalter aufgemacht und die Schlange somit ins Unendliche wachsen lassen. Naja, im Nachhinein konnte es uns ja egal sein, aber an dem Tag hat mich das, obwohl ich nur via Messengerdienst auf dem Laufenden gehalten wurde, doch schon sehr geärgert. Aber tolle Zahlen, das fand auch unser Diggi-Siggi, der sogleich mit einer seiner vielen Fehleinschätzungen ums Eck kam.

Gesammelte Unterschriften, Stand: 23.12.2019
links für OB, rechts für Stadtrat

WSA	197	184
V-Partei [3]	108	108
Generation AUX	-	261
AIB	110	79
Die PARTEI	102	79

Die Polit-Scherzkekse von "Die PARTEI" schlagen sich dagegen für ihre Verhältnisse prächtig. Wenn man bedenkt, dass ihre OB-Kandidatin McQueen derzeit nicht im Lande ist und diese Ortsgruppe sich erst vor kurzer Zeit gegründet hat, ist das Startergebnis nach vier Tagen nicht schlecht: 102 Stimmen für OB-Kandidatin Lisa McQueen, 79 für die Liste. McQueen, die das Café Kätchens betreibt und das Gesicht von Die PARTEI ist, ist sich ohnehin sicher, dass sie mit ihren Leuten diese Hürde überspringen wird (DAZ-Artikel vom 23.12.2019).

Erste Erkenntnisse schlugen sofort ein. Zum einen kann unser Siggi „Die PARTEI" also nicht richtig schreiben, zum anderen verfügt er über zweifelhafte Informationsquellen. Unsere Lisa war, bis auf einen Ausflug nach Stuttgart im Januar, während des Wahlkampfes permanent in Augsburg. Um wirklich sicher zu gehen, zückte ich mein Smartphone und googelte nach Stuttgart. Laut Wikipedia liegt das in Baden-Württemberg und das wiederum in der Bundesrepublik Deutschland. Seltsam das Ganze. Naja, wir ließen uns dadurch nicht beirren und zogen unser Ding weiter durch. Via World Wide Web gelangen erste Bilder zu mir durch wie unser durchnässter, aber glücklicher, erster Vorstand vor der Blauen Kappe, dem Bürgerbüro, mit Flyern im Regen stand. „Kennen Sie schon Die PARTEI", sollte ein beliebter Anfangsspruch gegenüber dem vorbeilaufenden Fußvolk werden. Von den Bildern her kam mir die Location schon vertraut vor. Musste da zum Ummelden hinein. Eine furchtbare Gegend, doch später dazu mehr. Ich empfand umgehend Mitleid mit meinem Vorsitzenden und wollte helfen, musste mich aber noch diversen Verpflichtungen in der Heimat hingeben. Und damit meine ich Silvester feiern. Da jeder weiß, dass die Fresszeit zwischen Weihnachten und Heiligdreikönige sowieso lieber zuhause als in einem Bürgerbüro verbracht wird, lehnten wir uns ein bisschen zurück mit dem Sammeln, wir hatten ja noch Zeit. Zum Jahresanfang haute auch unser guter Kumpel Siggi nochmal einen Kalauer raus. Der Mann enttäuscht halt einfach nicht. Vielleicht hätte er doch lieber Stand-Up Comedian als Meinungsblogger werden sollen.

Durchnässter, aber überglücklicher KV-Vorstand

Neues von Diggi-Siggi und der DAZ

97 Punkte. Kein schlechtes Ergebnis, wenn man bedenkt, dass die Listen-Akteure um ihre Königin McQueen von der Augsburger Lokalpolitik etwa so viel Ahnung haben wie Jogi Löw vom Fußball (wenig), und dabei in etwa so bekannt sind wie Arno Löbs Punkband Impotenz in China, gar nicht (DAZ-Artikel vom 03.01.2020).

Am 4. Januar 2020 war es dann soweit. Ich stieß wieder zu meinen Kameraden nach Bayerisch-Schwaben. Meine erste „Amtshandlung" bestand aus einem gepflegten Kulturprogramm. Nachmittags wurde die Vorstellung der Puppenkiste besucht und abends ging es in eine Bar. Auf dem Hinweg war die Idylle der Stadt noch zu genießen. Beim Heimweg dann der Schock. Anscheinend fuhren, wie organisierte Verbrecherbanden, um Punkt Mitternacht einige „Parteien" mit ihren Mobilen durch die Stadt und fingen an, das schöne Augsburg in einen unansehnlichen Schilderwald zu verwandeln. Selbstredend wurde auch immer wieder das gleiche Motiv hintereinander aufgehängt. Ich meine, wer kennt es nicht? Man geht gemütlich eine Straße entlang, sieht ein Wahlplakat, denkt sich nur „hmmm ne", schlendert dann an dem gleichen noch ein paar Mal entlang und nach dem dritten kommts einem: „Ja verdammt, jetzt bin ich überzeugt". Ekelhaft. Ich bin ja wirklich der Letzte der sich über das Aussehen anderer ein Urteil fällen darf, aber da waren wirklich einige Radiokarrieren dabei. Und das soll jetzt noch zwei Monate so bleiben? Immerhin hat die lolSPD (da die Sozis eigentlich nur noch lustig sind, fügen wir gerne das Kürzel „lol" (laugh out loud) hinzu) schon mal den ersten Vogel abgeschossen. Wegen zu frühem Plakatieren wurde dieser sich selbst zerstörenden Genossenschaft eine Geldstrafe aufgebrummt. Was mein Zwerchfell noch mehr massierte, war die Tatsache, dass sie selbst das Ordnungsreferat innehaben, also die Regeln selber aufstellen. Zu köstlich. Nicht der erste Gag den sie bringen sollten.

Apropos Gag. Als solchen haben wir auch die Aktion von Generation Aux verstanden, die sie am 5. Januar auf Facebook gepostet haben. Bekanntlich darf man dem hochgeschätzten Stimmvieh keine Bestechungen anbieten, um es zum Unterschreiben zu locken. Keinen Kaffee, kein Taschentuch, kein Kaubonbon, nichts. Die Generation mit der coolen Stadtnamenabkürzung machte jedoch keinen Hehl daraus und bot dem Wahlvolk in der Location Blaue Kappe einfach mal ein Gratisessen an (Quelle: Facebookpost der Generation Aux vom 05.01.2020). Wie es der Zufall will, befindet sich auch der Inhaber dieser Gaststätte auf deren Liste. Screenshots wurden angefertigt, bevor später der Eintrag ein bisschen umformuliert wurde. Was man für so ein bisschen kommunale Macht nicht alles von der Seele verkauft. Eigentlich ein Freifahrtschein für alle anderen „Parteien", so etwas Ähnliches zu bringen, wir entschieden uns allerdings dann dagegen.

So. Noch dreimal schlafen und es gingen für mich die Wochen des Sammelns vorm Bürgerbüro Blaue Kappe los. Ich war gespannt und nervös zugleich.

„Ist das euer Ernst?"
(06.01.2020 bis 12.01.2020)

Da in Bayern am 6. Januar noch drei Araber gefeiert werden, die vor circa zweitausend Jahren einem Baby altmodische Geschenke vorbeigebracht haben, konnte ich mich an diesem Tag noch ein letztes Mal in Ruhe entspannen. Überraschenderweise wurden auf der Augsburger Internetseite die Zahlen der Unterschriften aktualisiert. Na, da wird doch wohl nicht ein armes Schwein als Notvertretung arbeiten müssen, weil nicht in ganz Deutschland Feiertag ist? Wer weiß das schon so genau.

Gesammelte Unterschriften, Stand: 6.1.2020
links für OB, rechts für Stadtrat

WSA	253	238
V-Partei [3]	211	205
Generation AUX	-	287
AIB	138	103
Die PARTEI	151	126

Yes, die rote Laterne wurde abgegeben. Allgemeiner Jubel bei uns. Wir feiern halt einfach die Feste, wie sie kommen bei der PARTEI. Und passend zu diesem schönen Tag meldet sich auch noch unser guter Kumpel Siggi von der DAZ zu Wort. Gut möglich sei es laut ihm, dass keine der Parteien die benötigten Unterschriften schaffe. Ach Siggi, wie so oft eine weitere Täuschung in deinem Meinungsblättchen, Wahrsager hättest du nicht werden dürfen. Eine Partei-Empfehlung spricht er nicht aus, dies sei was für Elternabende. Wer ihn liest wird ohnehin Hinweise finden. No Shit Sherlock?! Immerhin hat er mal ein Kompliment für unsere Lisa parat.

Wer Politik insgesamt öde findet und wenig damit zu tun haben will, kurz: Wer seine Ahnungslosigkeit in einen Spaßfaktor verwandeln will und den Augsburger Stadtrat als Arena für Realsatiriker bestellen möchte, der soll Die PARTEI und die bezaubernde Lisa McQueen unterstützen (DAZ-Artikel vom 06.01.2020).

Und so ging ich dann am Dienstag, den 7. Januar 2020 am Vormittag erstmals Richtung Bürgerbüro Blaue Kappe um Passanten abzufangen. Auf dem Weg dahin bestätigte sich mein erster Eindruck aus dem Vorjahr. Beschissener hätte die Location nicht liegen können, weit abseits der Innenstadt mit ihrem Durchlaufverkehr, Einkaufsmöglichkeiten und Orten zum Verweilen. Hier kommen sicher keine Spaziergänger oder Landschaftsbewunderer vorbei. Die Klientel werden Augsburger sein, die entweder ins Ausländeramt müssen (was zufällig im gleichen Gebäude ist), terminlich in das Bürgerbüro gehen und standardmäßig schlechte Laune haben oder in der Nähe wohnen/arbeiten. Eine komfortable Lage würde ich meinen, um insgesamt noch 319 Menschen für Lisa und 344 für unsere Liste dazu zu bewegen, reinzumarschieren und für uns zu unterschreiben.

Das Bild, welches sich einem bei der Ankunft bietet, war auch sehr bizarr. Eine großzügige Anzahl an Menschen mit

Flyern etc. in der Hand, die rings um das Gebäude stehen und nur darauf warten, unschuldige Bürger für eine Unterschrift in das Büro zu locken. Im Grunde genau wie am 21. Dezember vor dem Rathaus. Zeitweise stehen mit uns ganze fünf „Parteien" mit je bis zu zwei oder drei Mann, außerhalb der Bannmeile versteht sich, vor der Behörde. Als schönen Vergleich habe ich hier immer den Schwarm Aasgeier gebraucht, die sich sofort auf unschuldige Radfahrer stürzen, die erste Anzeichen verlauten lassen, sich Richtung Fahrradständer vor der Blauen Kappe zu begeben. Noch nicht mal richtig angehalten, wagen schon drei verschiedene „Parteien" sich schnellen Schrittes auf diese zuzubewegen. Hätte ich als Passant eh schon keinen Bock mehr, bevor ich überhaupt weiß, um was es geht. Durch diese verstörenden Bilder im Kopf musste ich mir noch eine passendere Strategie überlegen. Im Laufe der nächsten Tage und Wochen lernte ich auch den buntesten Haufen an Homo Sapiens kennen die man sich vorstellen kann. Da war der Ehrenmann Konrad von den radikalen Veganern, der mit Abstand sympathischste von deren Spitzenkandidaten, Wir sind Augsburg (WSA) mit „Magic Rico", dem Paradiesvogel und Zauberer, die Generation Aux, die zwar auf sämtliche Regeln pfiffen, aber auch für unsere Lisa Werbung machten und die ruhigeren Frauen und Herren von Augsburg in Bürgerhand (AIB), mit welchen ich mich später noch gut anfreunden sollte.

Was also tun? In der Masse ging ich schnell unter. Vielleicht sollte ich es mal ein bisschen weiter weg von der Blauen Kappe versuchen. Die Leute schon ein paar Meter vorher von der PARTEI überzeugen, oder sie zumindest über ihr kommendes Schicksal in Kenntnis setzen? Wir sind ja schließlich eine Servicepartei. Ich ging also einige Meter wieder in Entfernung und passte die Leute mit unserem sehr guten Wahlprogramm schon vor dem Hornissenschwarm ab. An diesem Tag erhielt ich auch unerwartet eine Lektion in Sachen Gravitation und Evolution. Nach mehreren Stunden Gesprächsversuchen mit Augsburgern konnte ich nur schlussfolgern, dass die Erdanziehungskraft im Stadtgebiet, und wohl nur dort, höher sein muss als in anderen Teilen unseres Planeten. Nach abertausenden von Jahren Evolution verliert der gemeine Augsburger Körper langsam diesen Kampf, was sich im Moment noch nur durch die Mundwinkel bemerkbar macht, welche an den äußeren Enden schon permanent nach unten fallen und auch bei den Augenbrauen, die im inneren Bereich stark Richtung Boden reichen. Der Augsburger an sich sei immer grantig heißt es ja so schön, ich schieb es aber mal auf höhere Mächte. Bei der nächsten Standarbeit sollte ich rasch bestätigt werden.

Was mich an dem Tag übrigens am meisten amüsiert hat, war die Gesichterkombination aus sauer und verwirrt von den Leuten, die mir entgegengekommen sind. Dazu reichte ein simples „Guten Morgen". Höflichkeit, und das schon am Vormittag? Das sind die Augsburger wohl einfach nicht gewohnt. Ein Running Gag, der sich bis zum letzten Tag durchzog. Spontan hinterfragte ich meine gute Kinderstube. Mir wurde beigebracht auf ein „Guten Morgen" zu reagieren, wenn auch nur irgendwie. Sei es in gleicher Form höflich zurück, oder immerhin ein lächelndes Kopfnicken. Augsburgern wurde wohl oft eingetrichtert, auf ein „Guten Morgen" entweder rein gar nicht, oder mit starrem Blick ins Gesicht des Gegenübers trotzdem wortlos an einem vorbeizugehend zu „antworten". Bei Gelegenheit werde ich mal meine Eltern konsultieren und nochmal nachhaken, ob ich etwas falsch mache. Ebenso avancierte ich im Januar zum ungewollten Komplimente-Geber. Auf mein erstes „Hallo, guten Morgen" kam ganz oft nur ein „Danke", plus anschließendem wortlosen an einem Vorbeigehen natürlich. Ich muss mein ausgesprochenes Lob anscheinend oft überhört haben. Seltsam das alles.

Gut, alleine dastehen und die Leute anquatschen hat nicht den erhofften Erfolg gebracht. Vielleicht hab ich aber auch mit meinen Flyern wie ein Zeuge Jehovas gewirkt, wer weiß das schon so genau. Es muss eine neue Strategie her. Aber wie sollten wir auffallen zwischen all den „Partei"-Hyänen vorm Bürgerbüro. „Auffallen", genau das war das Stichwort. Da hab ich doch noch eine Hartfaserplatte und zwei Wahlplakate zuhause. Dank der neu eingeführten, und zum Großteil sinnlosen Cityzone in Augsburg konnte ich diese mit der Tram bis weit vor die Kappe kostenlos fahren lassen. Körperliche Arbeit für Die PARTEI, also wirklich, alles hat irgendwo eine Grenze möchte ich meinen. Der Effekt war da, mehr Leute registrierten uns (ich war natürlich nicht durchgehend alleine, lies mich aber gerne ablichten). Die anderen „Parteien" amüsierten sich.

Jede Unterschrift ist bekanntlich eine Unterschrift für uns und so stiegen die Zahlen innerhalb der nächsten drei Sammeltage. Für Lisa schafften wir 44 und für die Liste 41 Stück. Starke Leistung wie wir am Stammtisch bei dem ein oder anderen Kaltgetränk resümierten, auch wenn wir bis kurz vor Ende der Sammelzeit die rote Laterne wieder innehatten sollten. Unser guter Kumpel Siggi, der sich mal wieder ungefragt zu Wort meldete, sah das natürlich ganz anders. Kurzerhand zitierte er den damaligen Wahlleiter, der 2014 prophezeite, dass man „diejenigen wohl abschreiben müsse, die nach den Hl. 3 Königen noch unter der 200er Marke liegen". Tja, nicht jede Prophezeiung trifft auch zu. Wir z.B. waren der festen Überzeugung alle „Parteien" würden sich an die Spielregeln und Auflagen der Stadt halten. Was sollten wir doch falsch liegen.

Gesammelte Unterschriften, Stand: 9.1.2020
links für OB, rechts für Stadtrat

WSA	361	342
V-Partei [3]	339	334
Generation AUX	-	350
AIB	219	179
Die PARTEI	195	167

Neues von Diggi-Siggi und der DAZ
Lisa McQueen ist sich zwar immer noch sicher, dass Die PARTEI das Ziel erreicht, doch das hat wohl eher mit ihrem sonnigen Gemüt, als mit der Realität zu tun (DAZ-Artikel vom 10.01.2020).

Die Generation Aux zog ihren Anlockungsversuch mit dem Gratisessen allen Ernstes durch. Schon bemerkenswert, dass diese klare Bestechung bis heute ohne Konsequenzen blieb. Auch die Augsburger Allgemeine berichtete darüber, es war also kein Geheimnis. Uns allen von der PARTEI war es schon ein bisschen zuwider, dort auch noch was abzustauben, obwohl ein warmes Gratisessen bei den Temperaturen schon lockte und im Vorfeld wunderbare Gegenideen diskutiert wurden. Aber wir waren uns sicher, dass wir es auch so packen würden. Wir wären allerdings nicht Die PARTEI, hätten wir nicht einen Spitzel hineingeschickt. Sein Resümee: „Bevor du was [zu Essen] bekommst wirst du gefragt, ob du unterschrieben hast und die Leute, welche noch nicht unterschrieben haben, werden gebeten dies nach dem Essen zu machen. Außerdem liegt noch ein Zettel auf dem Tisch, wo es nochmal draufsteht." Eigentlich ein Freilos für alle anderen „Parteien", ebenso Geschenke anzubieten, aber wie heißt es doch so schön: Ehrlich währt am längsten.

Dass wir doch ganz gut beim Augsburger Stimmvieh ankommen, zeigte sich auch am 10. Januar. Dort ereilte uns eine Anfrage der Musikkapelle „Herrengedeck Royal". Die ehrenwerten Sangesgesellen (es darf jetzt ausdrücklichst auf Spotify und YouTube nach diesem Ohrenschmaus gesucht werden) schlugen vor, ihren Hit „In Amt und Würden" auf Die PARTEI und Lisa zugeschnitten umzutexten und neu aufzunehmen. An dieser Stelle sei schon mal gespoilert, dass es als „Saufen in Amt und Würden" qualitativ hochwertig umgesetzt wurde. Mehr dazu später. Ehrenwert!

Hipp Hipp Hurra, am Samstag, den 11. Januar stand endlich auch meine erste Standarbeit auf dem Programm. Ein Bierpongtisch, zwei PARTEI-Fahnen davor, und jede

Menge Flyer und Aufkleber – eigentlich jetzt schon ein Selbstläufer in der Augsburger Fußgängerzone. Am Vortag überlegte ich mir aber dennoch, was könnte ich noch tun, um mehr Leute an den Stand zu locken? Was liebt der Schwabe mehr als alles andere? Richtig: Gratisware. Kurzerhand entschloss ich mich liebevoll, einige Brownies mit Hilfe der REWE-Fertigmischung zu zaubern. Meinen Drang nach einer weiteren „geheimen Zutat" konnte ich gerade noch so wiederstehen. Wir ließen es uns allerdings nicht nehmen, die Leute nach dem Verzehr eines Stückes trotzdem darauf hinzuweisen, keinen Personenkraftwagen innerhalb der nächsten 24 Stunden zu steuern. Sicher ist sicher und ein bisschen Spaß muss sein! Als einzige „Droge" gönnten wir uns an dem Tag ein paar Vollkornsprudel in die Gourmetzentrale einzuführen (diese tolle Umschreibung schnappte ich bei meinem PARTEI-Kamerad Sebastian auf. Ich schmücke mich ungern mit anderen Lorbeeren).

Am Ende dieses gelungenen Tages stachen zwei Erkenntnisse besonders heraus. Zum einen weiterhin das undemokratische System für die Kommunalwahl in Bayern, die Unterstützerunterschriften ausschließlich in einem der Bürgerbüros abgeben zu müssen. Danke csU! Alleine an diesem Tag war so viel hochgeschätztes Stimmvieh sofort bereit an Ort und Stelle zu unterzeichnen. Wir mussten sie schweren Herzens an die sehr toleranten (Ironie aus) Öffnungszeiten der Büros verweisen, in der Hoffnung, dass die Stimmengeber ihr Wort zur zugesagten Pilgerfahrt auch halten würden. Zum anderen meine Theorie der erhöhten Erdanziehungskraft in Augsburg. Mir kamen auch, so wars ja nicht, durchaus lächelnde Menschen entgegen. Was wiederum mich in dem Moment verwirrte. Schon nach kurzer

Unterredung stellte sich aber meist heraus, dass diese Innenstadtschlenderer von außerhalb kamen: „Hallo, kennen Sie schon Die PARTEI?" – „Haha, tut mir leid, ich bin nicht aus Augsburg!" – „Ach darum sind Sie so gut gelaunt!" *allgemeines Gelächter*

Wer möchte bei so viel Kompetenz nicht stehen bleiben und über aktuelle Kommunalpolitik philosophieren?

Eine nette Geschichte gibt es noch zum Ende meiner ersten Unterschriftensammelwoche. Ich selber war an dieser Veranstaltung nicht anwesend, aber ich stütze mich auf eidesstattliche Zeugenaussagen aller Beteiligten, welche auch auf der PARTEI Augsburg Facebookseite nachzulesen sind. Vermutlich saß ich parallel (die Woche feiernd) irgendwo in einer Bar mit einem Bier in der Hand. Unsere bezaubernde Oberbürgermeisterkandidatin Lisa stand zum ersten Mal auf großer Bühne, genauer gesagt bei einer Podiumsdiskussion im Glaspalast in Augsburg. Nicht nur der Rang der Sympathie, sondern auch das Los wollte es so, dass sie als erste das Wort ergreifen durfte. Noch nicht einmal richtig die Hand am Mikro zeigte der OB-Kandidat der lolSPD, einer Partei die zu Kaiserreichszeiten mal eine Rolle gespielt hat, schon erste Aufmerksamkeitsdefizite. Hierzu der Originalsatz aus Facebook: „Und hey Dirk Wurm, Sie müssen Ihre Augen nicht verdrehen, wenn Lisa ans Mikrofon tritt. Ihr inhaltsüberwundener Redebeitrag wurde schließlich - auch von uns – ebenso freundlich beklatscht." Wir hoffen an dieser Stelle, dass durch das Augenrollen kein Schleudertrauma erlitten wurde (was allerdings ein bisschen was erklären könnte). Als besagtem Herren beim Rausgehen noch ein schönes Wochenende gewünscht wurde, ernteten die tapferen Vertreter der PARTEI, welche sich durch sicher herausragende Reden quälen mussten nur ein „ist das euer Ernst?" Wie schon vorher erwähnt, der Augsburger an sich hat anscheinend so seine Probleme mit plötzlicher Höflichkeit. Und natürlich ist das unser „Ernst"! Belächelnde Spaßpolitik betreiben schließlich die anderen „Parteien" zu genüge!

„Die Spaßvögel von Die PARTEI scheinen mit dem Latein am Ende" (13.01.2020 bis 19.01.2020)

Neue Woche, neues Glück. Und hey, viel fehlt ja nicht mehr für die 470 Unterstützerunterschriften. Nur noch 275 für Lisa und 303 für die Liste – alles noch machbar, warum also nicht wieder jeden Tag vor das Bürgerbüro Blaue Kappe gehen und versuchen zu sammeln? Und so standen wir da wieder. Fünf arme „Parteien", die um jeden Spaziergänger, Fahrradfahrer und Anwohner buhlten. Was gleich zu Beginn der Woche aufgefallen ist, dass anscheinend die Regeln und Anordnungen der Stadt einfach nicht mehr gelten. Es gab eine so genannte „Bannmeile" um den Eingang des Bürgerbüros, wo wir alle nicht stehen durften. Weil ja die Meinung der Leute total beeinflusst werden kann, wenn wir drei Meter weiter Richtung Eingang stehen würden. Rechts neben der Kappe verlief eine Straße, über die durften wir „eigentlich" nicht drüber. Das Wort eigentlich habe ich hier mal bewusst in Anführungszeichen gesetzt, weil wir die einzige – auch seriöse – Partei waren, die sich an diese Spielregeln hielt. Alle anderen standen wunderbar direkt vorm Eingang, bei den Fahrradständern direkt neben dem Gebäude oder erdreisteten sich sogar noch und gingen mit den Leuten in den Eingangsbereich, um ihnen zu zeigen, wo sie hinmüssten. Innerlich kam schon ein bisschen Wut auf, da viele potentielle Richtigwähler ihre Unterschrift dem ein oder anderen Spaßverein gaben anstatt uns. Und ganz genau weiß ich nicht was wir verbrochen haben, aber sobald die anderen „Parteien" abgereist sind und wir uns nur mal eine kurze Zeit hinausgewagt haben aus der Komfortzone Richtung Eingang, stand doch tatsächlich schon ein sichtlich überarbeiteter und mit vollem Einsatz bei der Arbeit wirkender Mitarbeiter von der Stadt vor uns und verwies uns des Vorplatzes. Welcher nur geschätzte fünf Quadratmeter groß ist. Dabei sind wir doch mit Abstand die sympathischsten Zeitgenossen. Sapperlott! Immerhin hat die Stadt dem Stimmvieh einen Bärendienst erwiesen, indem sie ein super praktisches Schild vor dem Eingang aufstellte, auf welchem hingewiesen wurde, dass man ja hier unterschreiben könnte. Die zehn Pappenheimer mit ihren Flyern waren ja noch nicht Aufmerksamkeit genug. Danke Augsburg!

Eine schöne Meldung konnten wir an dem Tag allerdings doch noch verbuchen. Während die anderen „Parteien" sich ihres Triumphes schon ziemlich sicher waren, und es aufgrund der Zahlen auch schon sein konnten, übten wir uns in Mäßigung, was das Plakatieren angeht. Wie bereits zuvor berichtet, glich das schöne Augsburg eh schon seit Anfang Januar einer Papp- und Plastikschilderstadt. Bis zur finalen Erreichung der 470 Unterschriften beschränkten wir uns von der PARTEI auf den Onlinewahlkampf. Der Vorteil war hier, dass wir zuerst die relevante junge Zielgruppe erreichen, die auch im Februar noch unsere Posts in Erinnerung haben sollte. Letztwähler würden wir dann aufgrund des Neulandmediums Internet halt erst ab Februar per „outdoor visualisation", sprich Plakate oder Fernseher (das grau-schwarze Gerät, welches eigentlich nur noch zur Bildervergrößerung eines Laptops genutzt wird), überzeugen.

Da uns die „Konkurrenz" ja immer mit ihren herrlich substanzlosen Sprüchen (Stichwort: bloß dem Pöbel nicht zu viel Konkretes versprechen) wunderbare Steilvorlagen gibt, um darauf zu reagieren, konnten wir nicht anders, als

uns eines davon herauszupicken. Die Auswahl an Inhalts-
losigkeit war recht groß, da hätte jeder herhalten können.
Wir entschieden uns kurzerhand den Mega-Spruch „Ja zu
Augsburg" von der csU sinnvoll umzuwandeln zu „Ja
Lisa". Eva Weber (glaube, die ist OB-Kandidatin oder sowas
in der Richtung) und ihr, mit Sicherheit großzügig entlohn-
tes Kompetenzteam (ebenso mit abertausenden von Euro
für den Wahlkampf gesegnet) haben in Sachen kreativen
Ergüssen wirklich ganze Arbeit geleistet. Immerhin haben
sie es sich nicht nehmen lassen, uns für unseren hervorragenden Online-Wahlkampf zu loben. Höflich wie wir sind,
haben wir uns auch artig für die Anerkennung und die hoffentlich abgegebenen Stimmen für uns bedankt. Angeblich
kam nach dem Post ein bisschen Gegenwind innerhalb der
so genannten „Christsozialen" auf. Uns völlig unverständ-
lich! Kreativer Output von unserer Seite sollte stets hono-
riert werden dürfen.

**Wir beobachten natürlich alle Kampagnen. Den
besten Wahlkampf macht ziemlich eindeutig: Die
PARTEI - Augsburg.**

In diesen Tagen schossen mir tausend Fragen durch den
Kopf. Wo ist das Bernsteinzimmer? Was passierte mit der
Bundeslade? Wohin gehen wir nach dem Tod? Wofür gibt
die csU eine halbe Millionen Euro für den Kommunalwahl-
kampf in Augsburg aus? Das alles sind Fragen, die die
klügsten Köpfe der Menschheit wohl nie beantworten werden können.

Rudi Völler will in Augsburg nicht OB werden, sondern eine gewisse Lisa McQueen, deren Matrosen-Beiboot-Liste mit 184 Unterschriften hinterher rudert und wohl an den Klippen der Gemeindeordnung zerschellen wird (DAZ-Artikel vom 14.01.2020).

Hab ich eigentlich schon diese ominöse Bannmeile erwähnt? Der nächste Tag war auf jeden Fall gespickt mit drei schönen Geschichten rund um diese, ich weiß es eigentlich gar nicht mehr genau, zwanzig Meter militärischem Sperrgebiet. Mittlerweile haben wir einen schönen Platz gefunden mit einer Fensterbank auf Kniehöhe, auf der wir unsere Karten, Flyer und sonstigen Grusch ablegen konnten. Logisch natürlich außerhalb dieses Todesstreifens, den wir eigentlich gar nicht betreten durften. An dem Tag stieg eine „Partei", die hoffentlich nie Relevanz erreichen wird, deutlich in meiner Sympathie: Wir sind Augsburg, kurz WSA. Doch warum? Nun, nachdem am Vortag schon Sodom und Gomorra von sämtlichen Vertretern ihrer politischen Grüppchen ausgeübt wurde, trieben es die WSA'ler diesmal auf die Spitze.

Geschichte Nummer 1: Anscheinend war diese „Partei", anders als wir, die wir uns schon jetzt nur auf Qualitätsunterschriften stützten, wohl in großer Sorge, dass sie die 470 Unterschriften nicht schaffen würden. Daher ging vor allem einer ihrer Spitzenkandidaten (Name wird nicht genannt, wir wollen ja niemanden in die Scheiße reiten) in die Vollen. Die Blaue Kappe ist nicht gerade mit großzügigen Parkmöglichkeiten gesegnet. Scheiss auch drauf, die Leute müssen halt so oder so irgendwie rein, wird sich die Stadt gedacht haben. Betagte Letztwähler haben es nicht leicht und lassen sich daher schon mal gerne hin chauffieren. So auch an diesem Tag. Ein älterer Herr, dem man schon die „i hob scho immer csU gwählt" Attitüde ansah, stieg aus einem Auto aus, welches auf der Straße hielt und bewegte sich langsamen Schrittes auf die Kappe zu. Dass so ein Bordstein gern mal ein unüberwindbares Hindernis im Alter sein kann, demonstrierte uns der Rentenbezieher formidabel und stolperte querlängst auf den Bürgersteig. Die Chance erkennend, stürmte unser besagter WSA'ler sofort zum Fallopfer hin und half ihm vorbildlich auf die Beine. Sein Glück, dass gerade er am nächsten dran war. Doch unser betagter Mitbürger war gerade mal in der Hocke, schon wurde ihm ein WSA Flyer in die Hand gedrückt und als Kirsche auf der Torte ihm noch gestützt ins Bürgerbüro geholfen. Vermutlich um ihm zu zeigen, wo er unterschreiben müsste. Wir Anwesenden, stumm vor dieser Kackendreistig- und Schamlosigkeit, konnten uns nur ungläubig ansehen. Doch unser Tagesliebling setzte noch einen drauf.

Geschichte Nummer 2: Auf dem ein oder anderen Foto in diesem lyrischen Machwerk konnte jeder aufmerksame Leser schon erspähen, dass es vor dem Kappen-Eingang munter zu ging. Mag es am Sonnenlichteinfall oder an der günstigen Lage des Mülleimers gelegen haben, aber an dem Tag trauten wir uns auch mal über die Straße. Wie sollten wir denn sonst die ganzen Flyer, außer unsere eigenen sehr guten natürlich, entsorgen, die gelangweilte Bürger im Eingangsbereich des Bürgerbüros liegen ließen (fiel uns bei Klobesuchen auf, bei denen wir stets unsere PARTEI-Mützen abnahmen)? Im Laufe des Tages wurden so spontane Koalitionen getroffen mit diversen „Parteien" und munter über das ein oder andere Weltproblem philosophiert. Eine Vertreterin von Generation Aux unterbrach nach einigen

Minuten unsere seriöse Unterredung mit einem verblüfften „Ich glaube der WSA'ler hat uns gerade alle fotografiert". Besagter Sammelbettler stand auf der anderen Seite des Kappeneingangs hinter einer Säule, lehnte sich geschickt an dieser vorbei und fertigte anscheinend ein Lichtbild von uns allen an. Unnötig dies geheim zu tun, Fanboys müssen mich nur höflich fragen, da nehme ich mir doch immer gerne die Zeit für ein Foto. Hoffentlich hat er meine Schokoladenseite getroffen, die zu finden ist nämlich sehr schwer. Geschmeichelt von so viel Ehrwürdigkeit unsere Momentaufnahme festhalten zu wollen, diskutierten wir munter weiter, was wir wohl im Stadtrat alles so für Schabernack anstellen würden. Keine zwei Minuten nach der vermeintlichen Aufnahme des Fotos kam ein, wie immer stets gut gelaunter, Mitarbeiter des Bürgerbüros aus dem Gebäude auf uns zu und erinnerte uns höflichst daran, dass wir ja die Bannmeile zu beachten hätten. Und verwies uns drei Meter weiter weg zu stehen. Als Realpolitiker einer seriösen Partei glaube ich nicht an Zufälle. Ein Schelm, in Zeiten von WhatsApp oder Messenger, wer jetzt böses denkt! Das Foto habe ich übrigens bis heute nicht erhalten.

Geschichte Nummer 3: Ein Shuttleservice! Mensch, ja! Auf diese Idee sind wir auch schon gekommen. Einen Führerschein habe ich zwar, aber kein Auto gerade hier in Augsburg. Und überhaupt, wir haben so viel schon für das Augsburger Stimmvieh getan, es wird an der Zeit, dass das Volk mal was für UNS tut, nämlich selber ins Bürgerbüro zum Unterschreiben gehen. Und so wurde dieser tollkühne Gedanke wieder fallen gelassen. Da wir eine topmoderne Partei mit Turbopolitik sind, besteht ein Großteil unser bedingungslosen Wählerschaft ohnehin aus jungen, oder zumindest noch fitten Menschen, die den Weg zum Unterschriftenbüro selbstständig absolvieren können. Anders wohl das Klientel der WSA. An dem Tag – hui, war ja ganz schön was los – hielt nicht weniger als dreimal ein Auto und hofierte jeweils vier Jünger der Vereinigung ins Büro. Hab ich eigentlich schon erwähnt, dass man nicht mit reingehen darf? Naja egal. Aber was soll man tun, wenn man ums Verrecken keinen Parkplatz findet? Richtig, man stellt sich einfach mitten auf den Vorplatz ins absolute Halteverbot. Man ist ja so eine Art B-Promi in Augsburg, was soll einem da schon fehlen? Ich bin ja immer ein Mensch der auf Stressvermeidung aus ist, daher hat mich diese Provokation der örtlichen Politessen schon irgendwie beeindruckt. Auf unser aller „Wow, du traust dich ja was" entgegnete uns der Fahrzeugführer, unser Zauberer von der WSA, nur mit „I bin so bekannt in Augsburg, i derf des scho". Dass diese magische Formel nur dann gilt, solange man nicht erwischt wird, hat unser guter Mann vergessen mit zu erwähnen. Das Gebiet rund um das Bürgerbüro Blaue Kappe ist nämlich eine wahre Goldgrube für Parkwächter. Auch so eine Erkenntnis aus meiner Zeit vor dem Gebäude. An deren Stelle würde ich den ganzen Tag nur um den Häuserblock gehen, da erwischt man immer die wildesten Parkkünstler. Zweimal ging das Kunststück gut, aber aller guten Dinge sind ja bekanntlich drei und ach nein, wer kommt denn da ums Eck? Eine Politesse, der ich die Eurozeichen in der Pupille schon förmlich ansehe. Zu unser aller Heiterkeit wurde der Schein in aller Seelenruhe ausgefüllt, und zur Belustigung der Anwesenden kam dann auch noch genau unser Magier wieder zum Auto zurück. Nach kurzer herrlicher Unterredung fiel sein Urteil nüchtern aus: „Diese Frau hat kein Herz". Man will ja meinen, als Augsburger Promi würden einem die 15€ nicht groß stören, da habe ich wohl falsch gelegen. Jedenfalls hatten wir, erst innerlich, dann äußerlich unseren Spaß.

Hätte unser Magierfreund doch bloß sein Auto durch „Zauberhand" aus dem Halteverbot verschwinden lassen sollen.

Mittlerweile war der 16. Januar 2020, nur noch knapp zweieinhalb Wochen hatten wir um die Unterstützerunterschriften voll zu machen. Und leider hinkten wir noch ein bisschen hinterher. Unsere Wähler wollen es halt einfach spannend halten. Trotzdem war am Morgen ein klein bisschen Frust, und auch mittlerweile Kälte, zu verspüren. Mein sehr guter PARTEI-Genosse Kim wusste jedoch diese kritische Situation mit eigens mitgebrachten Gerstensaft zu überbrücken. Bier an einem Donnerstagmorgen um 10 Uhr unter freiem Himmel! Hätte ich eine Zeitmaschine, ich

würde sofort zurück ins Jahr 2004 und meinem sechszehnjährigen Ich sagen, dass ich doch nochmal das erfüllte Leben haben werde, von dem ich immer geträumt habe. Gott
sei Dank haben wir den Moment auf Bild festgehalten. Bier
ist in dem Zusammenhang ein gutes Stichwort. Stundenlang vor einem Bürgerbüro in der Kälte stehen und darauf
zu warten, potentiellen Unterschreibern einen Flyer und
eine gute Unterredung reinzudrücken, kann ganz schön
langweilig werden. Zu unser aller Erquickung, und die von
glücklichen Passanten, planten wir also ein bisschen Spaß
in dieses graue Bild von frierenden Möchtegernpolitikern
(uns natürlich ausgeschlossen) zu bringen. Unser sehr guter
erster Kreisverband-Vorstand ist dankenswerterweise im
Besitz des bereits angesprochenen formidablen Bierpongtisches. Auch einer der Gründe, wieso ich ihn sofort gewählt
habe.

Wenn viele Leute schon grimmig und schweigend an
uns vorbeigehen, dann sollten wir doch wenigstens unseren
Spaß dabei haben. Und so ein Bierpongspielchen (Für
Laien: Ein Tischtennisball muss hier in mit Bier gefüllte
Plastikbecher geworfen werden, welchen der Gegenspieler

dann austrinken muss) vertreibt schnell mal Kummer und Sorgen. Außerdem schlagen wir zwei Fliegen mit einer Klappe. Nicht nur haben wir unser Vergnügen, nein, auch die Augsburger Trüffelschweine werden sicher das potentielle Freibier erschnuppern und zu uns an den Tisch kommen – ha, dann kommen sie nicht um einen Flyer und eine Unterschrift herum. Warum wir dann doch nicht spielten und den Tisch lieber nicht aufgeklappt haben, verdankten wir an dem Tag der V-Partei (die radikalen Veganer).

Zu viele Köche verderben bekanntlich den Brei, so war das auch vor den Bürgerbüros, als noch alle fünf „Parteien" Unterschriften sammeln mussten. Daher unsere Strategie: wir können ganz ruhig machen. In dieser Woche sollten Generation Aux, WSA und die radikalen Veganer von der V-Partei eh mit ihren 470 fertig werden. Dann ist uns, okay und AIB auch noch, das Feld ganz alleine überlassen. Ich liebe es, wenn ein Plan aufgeht, denn genau so sollte es auch kommen. Während die Generation Aux und die WSA sich entschieden, im stillen Onlinekreis die Schaffung der Unterschriften zu zelebrieren, wollten die radikalen Veganer nochmal eine Bombe vor dem Bürgerbüro zünden und dort ihren Sieg verkünden. Direkt neben uns, wo denn auch sonst, tummelten sich plötzlich sechs Veganer. Huch, ich wusste gar nicht, dass da mehr als zwei mitmachen. Aber natürlich. Aufs Siegerfoto, dass man die Unterschriften, die wohl zwei Leute im Alleingang geschafft haben (Respekt an dieser Stelle dafür), muss man schon mit drauf sein. Um zu erkennen, um welche Essensart es sich hier handelt, stellte man noch kurzerhand einen Stehtisch mit entsprechenden Sonnenschirm und Parteilogo auf. Auch wurden natürlich eigens Hunde noch für das Foto in Szene gesetzt, Tiere kommen immer gut. Um Siegerfotos wurde gebeten. Der Bitte kamen wir auch brav nach. Der Tatsache, dass die Unterschriften erreicht wurden zollte ich natürlich Respekt und auch der Neid kam ein bisschen in mir auf, dass die Herren jetzt nicht mehr in der Kälte stehen müssen. Unsere Wähler stellen unsere Geduld aber auch manchmal wirklich auf die Probe. Auf meine überbrachten Glückwünsche und das Resümee, dass ich wohl noch eine Weile hier sammeln müsste, erntete ich, vielleicht aufgrund des Siegesrausches, einen leichten Anfall von Arroganz. „Was stehst du auch alleine hier" und „Tja, habts halt zu spät angefangen mit dem Sammeln" waren nur ein paar der Kommentare (Anmerkung: Die Kommentare kamen nicht von Konrad, dem Ehrenmann. Auf den lass ich nix kommen!). Grimmig griff ich zu meinem Frühstück/Mittagessen, einer Gelbwurstsemmel, die mir aufgrund der Tatsache, dass die Veganer neben uns waren, extra von Parteigenosse Kim mitgebracht wurde. Wie auf Kommando stand schon der Aufklärungstrupp in Form einer Frau neben mir, die ungefragt anfing mit „du weißt aber schon, dass du kein Fleisch essen solltest, weil…". Weiter kam die Gute nicht, denn ich unterband ihre Verteufelung mir gegenüber mit einer Aufforderung entsprechendes Klangorgan wohl unterbinden zu mögen. Vermutlich habe ich es aber plumper ausgesprochen. In Nachhinein fühlte ich mich schlecht. Ich hätte sie siezen sollen. Bitter!

Zuckersüß war dagegen die Frau vom Ordnungsamt, die ich zuerst gar nicht wahrnahm. Ganz ungünstig haben die radikalen Veganer ihren Schirm und die für das Siegerfoto bereitgestellten Plakate in Sichtweite zum Bürgerbüro aufgestellt. Unangemeldeter Parteistand. An Ort und Stelle sprach die Frau daher ein Bußgeld von zweihundert Euro aus. Nach dieser innerlichen Zwerchfellmassage erster

Güte reifte bei mir doch wieder einigermaßen die gute Laune.

Oh Shit, aber was war jetzt mit unserem Bierpongvorhaben? Dem circa drei Stunden später eilig herbeigeeilten ersten Vorstand berichtete ich natürlich sofort von den Ereignissen des Vormittags. Bedenken reiften. Wäre uns der Spaß wirklich zweihundert Euro wert? Und müssten wir sofort das Spiel beenden, auch wenn wir mittendrin wären? Was natürlich für Streit sorgen würde wer denn nun gewonnen hat. Oh wie praktisch, vor die Blaue Kappe fuhr nach kurzer Überlegung ein Kleinbus vom Ordnungsamt. Wir konnten also so die Expertise direkt vor Ort einholen. Das Resultat: Ja wir dürfen spielen, sämtliche PARTEI-Symbolik muss nur verschwinden, und wir dürften pro Person nicht mehr als zwei Bier offen haben. Eigentlich perfekt, hab ja eh nur zwei Arme, aber doppelt hält bekanntlich besser.

Und so stoppten wir auch noch eine Zweierstreife von Polizisten. Diese sind uns eh immer wohlgesonnen. Nach reiflicher Überlegung kam einer der Wachtmeister zu dem Fazit: „Lassts den Tisch lieber mal zu Jungs"! Dem beugten wir uns, das Bier wurde halt so verköstigt. Und ganz schlecht war der Tag auch nicht, wir haben einen guten Schwung Leute reinbekommen zum Unterschreiben, wie die aktuellen Zahlen belegten. Auch wenn das unser guter Kumpel Siggi wieder mal anders sah.

Gesammelte Unterschriften, Stand: 16.1.2020, links für OB, rechts für Stadtrat

WSA	540	531
V-Partei [3]	496	487
Generation AUX	-	497
AIB	359	320
Die PARTEI	302	249

Die Sorgenkinder haben mit ihren Tarnkappen-Listen noch einen langen Weg vor sich, haben eine schwere Strecke zu bewältigen, die in zwölf Sammeltagen endet. Bis dahin müsste AIB noch genau 150 Unterschriften für ihre Liste [...] gesammelt haben. Ein Haufen Holz, der aber gerade noch so termingerecht zu machen ist, während die Spaßvögel von Die PARTEI mit ihrem Latein am Ende zu sein scheinen (DAZ-Artikel vom 16.01.2020).

Für den Sammelwochenausklang habe ich mir diesmal vorgenommen, einfach mal wieder nett zu den Leuten zu sein. Also noch höflicher als ich eh schon immer bin versteht sich, auch wenn viele noch immer mich zwar anschauen, aber dann schweigend an mir vorbeigehen. Warum den Menschen nicht ruhig mal ein paar Komplimente machen, hört doch jeder gerne. Hui, da kam auch gleich ein Anwendungsbeispiel. Kennt noch jemand Magnum, die Fernsehserie aus den 1980ern? Schlägt man im Lexikon „Schnauzbart" nach findet man dort keine Definition, sondern nur ein Bild von Hauptdarsteller Tom Selleck. Ein wahres Magnum-Lookalike kam mir da auch an jenem Tag entgegen. Auf mein freundliches „Hallo, sind sie zufällig auf dem Weg ins Bürgerbüro?" strafte mich der Kollege mit einem Todesblick und schlenderte stumm an mir vorbei. Genau jetzt musst du ein Kompliment hinterherwerfen um die Situation zu retten dachte ich mir. „Aber ein echt cooler Schnauzer" lobpreiste ich ihm nach. Zu meiner Überraschung wurde wirklich reagiert, in Form von sofortigem Stehenbleiben, sich zu mir umdrehen und mit dem Zeigefinger auf mich deutend. „Pass bloß auf du", schnauzte mir der Gesichtshaarträger noch zu. Wie befohlen erwartete ich natürlich eine spontane Unterredung, wie ich mir auch so einen Prachtbalken wachsen lassen könnte. Ich wurde aber enttäuscht. Anstatt einer Lehrstunde meinen kümmerlichen Bartwuchs seinem anzugleichen, ging er einfach weiter, nur um sich kurz vorm Eingang nochmal zu mir grimmig umzudrehen. Habe ich eigentlich schon erwähnt, dass der Augsburger mit spontaner Höflichkeit irgendwie überfordert ist?

Ein weiterer Samstag und somit eine weitere Standarbeit standen an. Bedauerlicherweise zeigte uns Petrus seine Abneigung der Tatsache gegenüber, dass wir die Unterschriften immer noch nicht zusammen haben und lies es regnen. Zeit in die PARTEI-Kommandozentrale, Lisas Kaffee „Kätchens", einzurücken und zu brainstormen. Wie kriegen wir die Unterzeichner in die Kappe? Was tun? Die wildesten Ideen wurden gesponnen, mussten aber aufgrund der undemokratischen Öffnungszeiten und des ungünstigen Verfahrens nur vor Ort unterschreiben zu können fallen gelassen werden. Die rettende Idee kam nach der zweiten Tasse gar köstlichem, mit Liebe aufgebrauten, Heißgetränk: Eine Mahnwache. Wenn wir schon untergehen sollten, dann mit Stil. Den Block und Stift gezückt wurde munter drauflosgeschrieben und noch in derselben Verweildauer die Facebookveranstaltung „MDMA an der Blauen Kappe" erstellt. Die Mahnwache sollte die finale Kehrtwende bringen. Mehr zu der Veranstaltung und was es mit der Abkürzung auf sich hat später an passender Stelle.

Achja, die Standarbeit. Gottseidank hörte es irgendwann auf zu regnen und wir machten uns doch noch auf den Weg in die Augsburger Innenstadt. Wäre auch zu schade gewesen, denn ich habe am Vorabend meinen Vorrat an Brownies aufgrund steigender Beliebtheit diesmal verdreifacht. Selbstredend war der Tag mal wieder ein voller Erfolg, auch wenn wir wieder zahlreiche Stammwählerschaft enttäuschen mussten, dass man an unserem Stand nicht sofort unterschreiben durfte, sondern selber in eines der Bürgerbüros einkehren müsse. Erfreulicherweise stieg das Interesse von ernstzunehmenden Medien uns gegenüber und so zog es auch zwei Minderjährige, oder knapp Volljährige – wer kann das heutzutage schon genau sagen – an unseren Stand. Einem professionell an Ort und Stelle geführten Interview stand nichts im Wege und so setzte sich unser Vize Kai, nach dem Verzehr eines regionalen Hopfengebräus, auf den heißen Stuhl der Fragen. Dass diese spontane Wissbegierigkeit souverän von ihm befriedigt, und eine zufriedene Zielgruppe hinterlassen wurde, brauche ich an dieser Stelle wohl nicht zu erwähnen.

Schweißtreibende und knüppelharte Befragung für unseren Vize.

In der Nacht nach der Standarbeit schreckte ich plötzlich schweißgebadet hoch. Mir kam urplötzlich die Erkenntnis: Briefkästen! Das war die Antwort auf die Frage, wie wir Letztwähler, Stubenhocker und Neulandverweigerer (Facebook, Instagram, Twitter etc.) auf uns aufmerksam machen können. Gottseidank haben wir von der sehr guten Partei Die PARTEI genau für solche Fälle vorgesorgt. Ich schaute auf meinen Couchtisch, da lagen sie: über eintausend Lisa-Karten. Vorne unsere Oberbürgermeisterkandidatin und hinten sämtliche Infos, wo man wann zum Unterschreiben hinmuss. Warum den Leuten nicht einen Gefallen tun, indem wir sie darauf hinweisen, dass das politische Glück nur eine lächerliche Unterschrift entfernt sein kann? Gesagt, getan. Am nächsten Abend schnappte ich mir zwei meiner sehr guten Kollegen, Erich und Roland, und zog munter ins Bismarckviertel, einem der stimmstärksten Viertel bei der letzten Europawahl (andere Viertel wurden von anderen sehr guten Genossen übernommen). Nachdem wir uns in diverse Riesenwohnblöcke legal Zutritt verschafft haben, wurde mit Sicherheit eine vierstellige Anzahl Lisa-Karten in allerlei Briefkästen verteilt. Funfact am Rande: mir fiel auf, dass um die neunzig Prozent aller Postannahmestellen einen „Bitte keine Werbung" Aufkleber draufhatten. Komisch, wie wollen die Leute denn dann wissen, wann Bier im Angebot ist? Aber das sollte ja nicht mein Problem sein, Hauptsache die Unterschriften haben wir. Die folgende Nacht schlief ich zufrieden und im Reinen mit mir selber durch.

„Eine ausufernde Anzahl an Kleinst- und Splitterparteien" (20.01.2020 bis 26.01.2020)

Vorletzte Woche für das Sammeln der Unterstützerunterschriften. Den finalen Montag schließe ich hier mal aus. Es fängt an langsam spannend und auch eng zu werden. Und mittlerweile ist es schon die dritte Woche, in der ich mich jeden Tag aufs Neue vor die Blaue Kappe begebe, um arme uninformierte Seelen zum Unterschreiben für uns zu bringen. Zum jetzigen Zeitpunkt sind mir schon sämtliche Mitarbeiter bekannt, einige Anwohner und diverse Schüler, die noch minderjährig sind und nicht unterschreiben dürfen. Kurz gesagt: ich bin schon zum jetzigen Zeitpunkt viel zu lang vor diesem elendigen Bürgerbüro. Wie im Film „Das kleine Arschloch" hätte ich das Gebäude am liebsten jeden Tag so besungen: „Du bist so schön, so voller Rasse. Wie ein Parkhaus, das geschlossen hat!" Es fängt an frustrierend zu werden. Aber jetzt wo es schon drei von fünf „Parteien" geschafft haben möchte man auch nicht mehr auf der Strecke bleiben, dann wäre alles umsonst gewesen. Und ich möchte die hart arbeitenden Genossen auch nicht enttäuschen, es ist ja nicht mehr lange, nur noch ein paar Tage rede ich mir ein.

Ich bin ja auch nicht ganz alleine. Morgens leistet mir mein sehr guter KV-Kamerad Kim vor seiner Homeoffice-Schicht noch ein bis zwei Stunden Besuch ab. Und Nachmittag sind auch immer mal wieder Kollegen anwesend. Ja sogar bezirkliche Prominenz, in Form des PARTEI Bezirksvorsitzenden von Schwaben, ist anwesend. Auch zu Beginn dieser Woche. In aller Herrgottsfrüh zu zweit hat man auch weniger Hemmungen jede Art von Leuten anzuquatschen.

Alleine sondiere ich im Laufe der Zeit immer mehr nach potentiellen Stimmengeber und Menschen, denen man die unpolitische Haltung schon im Gesicht ansieht, eher aus. Da kommen uns doch gerade zwei Kerle im jungen Alter entgegen. Wenn das nicht Wählerklientel ist, weiß ich auch nicht. Doch gleich die erste Ernüchterung. In fehlerfreiem Deutsch, aber mit starkem Akzent erklären uns die Knaben, dass sie aus den USA und von irgendeiner Freikirche seien. Ich bemerke bei näherer Untersuchung sofort das Kreuz, welches einer von beiden um den Hals hängen hat. Um allgemeine Verwirrung zu vermeiden: es war kein Stimmkreuz! Welches ich aber in Bezug auf Die PARTEI immer gern sehe! Auf meine Frage, was das Duo denn hier in Deutschland wolle, antworten sie uns: missionieren. Die Situation sofort erkennend schreie ich ein Stoßgebet „Lobet den Herrn" in den Himmel. Ich bin zwar nicht so gläubig, aber schadet ja nie. Geistesgegenwärtig drücke ich den Kameraden noch Flyer in die Hände. Ich meine, wenn es schon einen PARTEI-Ableger in Österreich gibt, warum nicht auch eines Tages in den USA. Also mich würde der Flyer überzeugen! Sollte es Die PARTEI auch mal in den Staaten geben, lieber Leser, hier hast du es zuerst prophezeit bekommen!

Hui, unsere Laune war trotz der nicht geleisteten Unterschriften wieder hervorragend. So eine kleine Aufmunterung braucht man einfach mal zwischendurch. Aber Augsburg wäre nicht Augsburg, wenn nicht schon bald der nächste grantige Mitbürger vorbeikommen würde. Der personifizierte Lebensfrust zeigte sich schon recht bald in Form eines Typen, der Kopfhörer aufhatte. Dass das oft nur eine Taktik ist um, aus deren Sicht, unangenehme Gespräche zu vermeiden, haben wir inzwischen längst durchschaut. Und außerdem würde ich es mir nie verzeihen, jemanden die frohe Botschaft der PARTEI nicht verkündet zu haben, nur weil er uns angeblich nicht hören kann. Verdammt, ich bin wohl gedanklich immer noch bei unseren religiösen Freunden. Naja, jedenfalls ging auch dieser verlorene Kämpfer gegen die Erdanziehungskraft uns zwar ansehend, aber schweigend vorbei. Vielleicht war er aber auch einfach nur schüchtern, kann ja auch sein. Wir entschlossen uns, ihm unsere Situation einfach so zu erklären, immerhin geht er ja so oder so in das Gebäude. Nach unserem finalen „Augsburg braucht dich!" stoppte der lustige Wandergeselle dann doch, zog sich die Kopfhörer vom Kopf und schrie über den Vorplatz, ob er aussehe wie jemand der es mag, dass man ihm hinterherschreit. Spontane Ratlosigkeit machte sich in uns breit. Überfordert von meinem Unwissen, wie denn jemand aussehe der es mag, dass man ihm hinterherschreit, brachte ich keinen Ton mehr raus. Und wenn ich ehrlich bin, weiß ich es bis heute nicht. Sapperlott, da gehört aber auch mal eine allgemeine Definition her. Als unser Stimmbanddehner dann doch im Gebäude verschwand, kam es uns erst: hey Moment, der hat uns ja anscheinend dann doch durch die Kopfhörer gehört als wir ihn gefragt haben ob er ins Bürgerbüro geht. Was für ein Lügenbaron! Als der gestresst wirkende Vormittagsterminler wieder aus dem Verwaltungsgebäude rauskam, hielten wir übrigens gerade wieder ein Schwätzchen mit einer Polizeistreife. Plötzlich zahm wie ein Lamm ging er wortlos an uns vorbei. Einen Flyer hat er leider nicht mitgenommen.

Heute muss wohl Ausgang der schlechten Laune sein, dachte ich mir, als wieder ein grimmiger Geselle unseren Weg kreuzte. Diesmal einer der Marke: früher war alles besser. Als wir ihm höflichst unser Flyermaterial überreichen, und ihn über unsere Anwesenheit aufklären, beginnt dieser aus dem Nichts sein Wutbarometer hochzufahren. In überlautem Ton werden wir als „Faschistenunterstützer" beschimpft. Seine, für ihn, logische Erklärung folgt zugleich. Je mehr Parteien an einer Wahl teilnehmen, desto schneller bekommen wir wieder Weimarer Verhältnisse. Was wiederum den Faschismus fördern würde. Der Geschichtsstudent in mir brodelt. Vergleicht der Mann gerade die Zeit von Weimar, also Massenarbeitslosigkeit, unsichere junge Demokratie, ganz andere gesetzliche Grundlagen, Weltkriegsreparationen, angespannte tödliche Lage zwischen extremen Rechten und Linken, den Reichstag mit einfachsten Mitteln außer Kraft setzen, etwa mit unserer heutigen gefestigteren demokratischen Situation? Doch er lässt schon den nächsten Korken steigen. „Kann man nicht alles mit maximal 5 Parteien so lassen wie früher?", fragt er uns vorwurfsvoll. Wir schlagen ihm einen besseren Deal vor: Warum nicht gleich Verhältnisse einführen, die weiter zurückliegen, wie etwa in der DDR oder Nazizeit? Da gab es nur eine Partei zum Auswählen, hätte ihm sicher einiges an Denkarbeit erspart. Naja, auch er hat, als er wütend davonstampft, keinen Flyer von uns mitgenommen. Schade.

Etwas Gutes hatte der Tag dann doch noch: den aktuellen Stand der Unterschriften. Es fehlten nur noch 115 für Lisa und 174 für die Liste. Und immerhin hatten wir noch zehn Tage. Wenn wir also jeden Tag 18 Leute zum Unterschreiben bringen, schaffen wir sowohl den OB-Kandidaten als auch die Stadtratliste. An dieser Stelle muss ich gestehen, dass ich jeden Tag solche Rechenbeispiele aufstellte und auch meine Kameraden aus der PARTEI-Messenger Gruppe damit nicht verschonte. Denke aber, sie haben mir mittlerweile verziehen.

Gesammelte Unterschriften, Stand: 20.1.2020, links
für OB, rechts für Stadtrat

WSA	542	535
V-Partei [3]	497	482
Generation AUX	-	501
AIB	422	385
Die PARTEI	355	296

Tags darauf war ich jedoch selber wieder in alles anderer als toller Stimmung. Es war kalt, es war wenig los, die Leute waren oft wieder unfreundlich und mir taten die Beine langsam weh. Immer wieder schossen mir die gleichen Fragen durch den Kopf. Warum dürfen wir nicht am Stand in Unterschriftenlisten sammeln? Warum müssen die Leute selber in die Bürgerbüros gehen? Warum ist das bei der Landtagswahl nicht so? Warum ist das verflucht nochmal in Bayern so, aber in anderen Bundesländern nicht? Investigativ wie wir nun mal recherchieren fanden wir auch, durch unseren sehr guten KV-Kamerad „Sherlock" Erich, die Antwort, die wir schon alle vermutet haben. Nur diesmal haben wir es schwarz auf weiß: das Ganze ist natürlich auf dem Mist der csU gewachsen. Wer an der Macht sitzt, und schon mal von ihr gekostet hat, der gibt sie so schnell natürlich freiwillig nicht wieder her. Ich bin zuversichtlich, dass wir noch eines Tages einen politischen Umschwung, hoffentlich zum Guten, erleben werden. Zu Zeiten, als dies in Bayern noch nicht abzusehen war, Mitte der 1990er Jahre, hat schon mal jemand versucht, gegen das Unterschriften-verfahren bei Kommunalwahlen zu klagen. Er wurde natürlich abgeschmettert. Die damalige bayerische Regierung veröffentlichte auch ein Statement dazu. Zig Seiten PDF. Und da im Jahre 1998 (csU noch über 50%, lolSPD noch bei 28% - was für eine Antike) das Internet noch mehr Neuland war, als es jetzt für manche immer noch ist, bekam es bei weitem nicht die Aufmerksamkeit, die es hätte kriegen müssen. Ha, aber nicht mit der PARTEI. Wir haben uns da durchgequält und in der Erklärung heißt es: „Die Anforderungen an das Wahlvorschlagsrecht seien verschärft worden, um der ausufernden Zahl von Kleinst- und Splittergruppen zu begegnen, die eine Wahlteilnahme erstrebten" (Auszug aus dem Urteil des Bundesverfassungsgerichts von 1998). Vereinfacht: „Jede kleinere Partei, die bei der Wahl mitmacht, nimmt uns nur Stimmen und damit mehr Macht. Daher müssen wir alles so streng wie möglich halten damit dies nicht passiert".

Bäm, da war sie wieder, meine Motivation. Je schwerer die Hürden, umso schöner, wenn man sie trotzdem überwindet. Und jede Stimme für uns ist eine Stimme weniger für die csU, oder gar die lolSPD, oder die Spaßpartei FDP, oder die FCK AfD. Nein, jetzt gibt's kein Aufgeben mehr, jetzt holen wir uns diese verdammten 470 Unterschriften. Passend dazu kam die nächste Aktualisierung der Unterschriften. Und was für ein Sprung, je näher es zur Deadline geht, desto mehr Menschen kommen in das Bürgerbüro. Nur noch 32 für Lisa und 86 für die Liste. Innerhalb von drei Tagen kamen über achtzig Leute in die Verwaltungen. Ich war zu Tränen gerührt! Sogar die Meinungserstattung von unserem Diggi-Siggi wird kurzzeitig sachlicher.

Gesammelte Unterschriften, Stand: 23.1.2020, links für OB, rechts für Stadtrat

WSA	547	541
V-Partei [3]	499	491
Generation AUX	-	503
AIB	533	495
Die PARTEI	438	384

Die PARTEI steht vor den Toren der Zulassung. Für McQueen fehlen noch 32 Unterschriften und für die Stadtratliste 86 Stück. Das sollte in der letzten Woche durchaus machbar sein (DAZ-Artikel vom 24.01.2020).

Zum Ende dieser Sammelwoche erlebte ich noch einmal was es heißt, bei einer richtigen Partei zu sein, in der Kameradschaft noch großgeschrieben wird. Im Nachhinein muss ich sagen, dass ich mich immer ausreichend warm angezogen habe. Klar hat es mich da und da mal gefroren, aber hauptsächlich immer unterhalb der Knie und vor allem in die Zehen. Zwischendurch versuchte ich, die Kälte ein bisschen zu überbrücken, indem ich auf der Stelle getänzelt habe. Vielleicht war auch das ein Grund, warum mich manche Leute gemieden haben, aber nur vielleicht. Am 24. Januar 2020 wurden mir dann schließlich von meinem sehr guten PARTEI-Kameraden Kim morgens die Königslösung überreicht: dicke Stricksocken! Vorbei waren die Zeiten, in denen ich wie ein Primitivling drei Lagen normale Socken übereinander anziehen musste und es mich trotzdem gefroren hat. Der Endspurt kann nun getrost kommen. Warum ich mir selber nicht schon viel früher ein paar Wollsocken zugelegt habe?

Ich führe das auf einen Fehler in der Matrix oder einen Riss im Raum-Zeit-Kontinuum oder einen allgemeinen Ausverkauf an Socken zurück! Nur keine eigene Dummheit, niemals!

In dieser Woche wuchs auch in mir wieder ein kleines bisschen mehr mein Glaube an die Menschheit. Folgendes war passiert: Alle Anwohner kannte ich wohl doch noch nicht und so sprach ich einen Herrn an, der zwei Häuser neben der Kappe wohnt. Laut eigener Aussage ein überzeugter Wähler der Linken und eher abgeneigt für uns zu unterschreiben. War es meine überzeugende PARTEI-Arbeit, oder die Tatsache, dass er rausgehen musste zum Rauchen und mir eh nicht auskam, ich weiß es nicht. Jedenfalls nahm er sich Flyermaterial mit. An sich nichts Besonderes. Viele haben sich unsere Materialien mitgenommen und ich habe die Leute nie wiedergesehen. Nicht so dieser Kamerad. Knappe zwei Stunden später kam er tatsächlich nochmal aus dem Haus. Er habe sich jetzt über die PARTEI weiter in Ruhe informiert und ein paar Videos von Martin Sonneborn auf YouTube angesehen. Ich war alleine deshalb schon baff. Doch noch besser: Er findet gut was wir so machen und würde jetzt für uns unterschreiben, damit wir bei der Kommunalwahl zumindest mitmachen dürfen. Wählen würde er aber weiterhin die Linken. Mehr wollte ich auch vorerst gar nicht. Was für ein Ehrenmann! Die nächsten Tage stand er beim Rauchen des Öfteren nochmals bei mir oder anderen PARTEI-Leuten für spontane Unterredungen. Es gibt ja doch noch freundliche Menschen in dieser Stadt.

Am Wochenende stand dann ein Tagesausflug mit unserer OB-Kandidatin, unserem ersten Vorsitzenden und zwei Genossen vom sehr guten, bereits angesprochenen, Herrengedeck Royal, den Ehrenmännern, an. Der umgedichtete Songtext ihres zeitlosen Klassikers „Saufen in Amt und

Würden" sollte auf die PARTEI und Lisa zugeschnitten neu eingesungen werden. Schon auf der Hinfahrt nach Stuttgart wurde uns im Auto in Form eines kostenlosen spontanen Podcast des Musikerduos offenbart, dass die beiden nicht nur erstklassige Entertainer sind, sondern auch ordentlich was in ihren Stimmbändern haben. Neben den engelsgleichen Lauten vom Herrengedeck entpuppte sich unsere Rathaus-Queen Lisa als wahres Gesangsnaturtalent. Sapperlott, was wohl noch alles für verborgene Fähigkeiten in diesem Mädl stecken? Höchst zufrieden, aufgrund des vollrichteten Tageswerkes, ging es wieder in das falsche Schwaben zurück Richtung Augsburg. Den fertigen Klanggenuss durften wir dann schon bei unserer Mahnwache lauschen. Und das kommende Musikvideo wird sicher auch ein Augenschmaus werden. Man merkt halt sofort, wenn man einmal mit Profis arbeiten kann und darf!

Mir ist aufgefallen, dass ich hier meistens abwertend gegenüber den anderen „Parteien" schreibe, die auch Unterschriften sammeln mussten. Eine Bewegung, und speziell drei Leute davon, muss ich allerdings nach dieser Woche wirklich positiv erwähnen. Die Rede ist von Augsburg in Bürgerhand, speziell von deren Stadtratkandidaten Rosi, Hannelore und Franz. Bei wohlwollender Nennung darf man auch ruhig mal Namen ausschreiben. Wie schon vorher umschrieben, glich die Zeit, als noch alle Gruppierungen die Unterschriften sammeln mussten, wirklich einem Haufen Aasgeier, die sich auf jede Beute stürzten und niemand sonst etwas vergönnten. Als nur noch wir und die AIB'ler da waren, änderte sich dies schlagartig. Ich freundete mich mit den drei genannten Personen in der Woche gut an und es war mehr ein miteinander als gegeneinander. Von weitem sondierten wir schon aus, wer die Person wohl eher erfolgsversprechend ansprechen sollte, oder wer eher nicht. Wir gaben uns gegenseitig Kaffee aus oder brachten dem jeweils anderen von Zuhause welchen in Thermoskannen mit. Wirklich schön zu sehen, dass es auch anders gehen kann. Gott sei Dank haben wir beide die nötigen Unterschriften geschafft. Es wäre echt schade gewesen, wäre einer von uns oder am Ende beide auf der Strecke geblieben!

„Die PARTEI kommt spät, aber heftig"
(27.01.2020 bis 02.02.2020)

Die finale Woche hat begonnen und die Spannung, ob wir die 470 Unterstützerunterschriften packen, ist förmlich in der Luft zu spüren. Ebenso seh ich das Licht am Ende des Tunnels, bald hoffentlich nicht mehr in der Kälte stehen zu müssen. Eine besonders nette Geste motiviert mich schon am Montag die letzte Woche noch vollzumachen. Von einem frisch angeworbenen PARTEI Mitglied, welches rein zufällig in einer Schule ums Eck als Schülerbetreuerin arbeitet, und ich so die Unterschrift an Land gezogen habe, bringt mir doch tatsächlich ein Durchhalte-Lunchpaket vorbei. Ich habe mich wirklich sehr über die Geste, das Essen und das Aufwärmen gefreut. Man sieht schon, dass unser Stimmvieh selber langsam immer mehr die Daumen drückt, dass wir es schaffen. Keine Angst liebe Wählerschaft, die PARTEI hat bisher noch nie enttäuscht.

Dienstag, der 28. Januar 2020. Tragt diesen Tag in eure Kalender ein, liebe PARTEI-Freunde. Historisches ist geschehen. Frühmorgens werden die aktuellen Zahlen der Stadt Augsburg veröffentlicht. Und was soll ich sagen, die Freude war riesig, als wir alle den Stand von 484 Unterstützerunterschriften für Lisa lesen durften. Der erste Befehl des Bezirksvorstandes Schwaben „Lisa durchbringen" war erfolgreich ausgeführt. Die erste OB-Kandidatin von der sehr guten Partei Die PARTEI in Augsburg. Spontan begebe ich mich zu einer verlängerten Mittagspause zum türkischen Bäcker, um zufrieden ein nicht aussprechbares Gericht zu verzehren. Noch Endorphine ausschüttend spiele ich sogar mit dem Gedanken für heute Feierabend zu machen. Wo bin ich nur mit meinem Kopf? Die Arbeit ist ja noch nicht getan. Zumal ich einen neuen Befehl des Bezirksvorstandes erhalte: „Die Liste auch noch durchkriegen". Immerhin fehlen laut den neuesten Zahlen nur noch 42 Unterschriften. Dass wir überhaupt so weit kommen würden, wer hätte das gedacht. Ich schiele innerlich in Richtung unseres alten Kumpels Diggi-Siggi. Natürlich lässt dieser sich in diesen historischen Tagen nicht lumpen, seine Meinung ins Netz zu tippen.

Die Trödlerin Lisa McQueen hat mit ihrer Liste nun einen großen Sprung gemacht: Mit 484 Unterschriften hat Die PARTEI mit McQueen eine Bürgermeisterkandidatin durchgebracht, die Liste selbst steht mit 27 fehlenden Unterschriften vor der Vollendung (DAZ-Artikel vom 29.01.2020).

Total durchgefroren wie jeden Tag lese ich das Wort „Trödlerin" und könnte dem guten Siggi digital schon eine klatschen. Andererseits denke ich gerade an seine Subtrahierungskünste und halte es für keine gute Idee, diese auch noch mittels Stauchung auf die Denkzentale weiter zu verschlechtern. Was solls. Wäre ja nicht das erste Mal, dass sich der gute Meinungsblogger geirrt hat.

42 ist ja bekanntlich die Antwort auf alles. In etwa auf die Frage „Wieviel Unterstützerunterschriften braucht denn eigentlich Die PARTEI noch um an der Kommunalwahl in Augsburg teilnehmen zu dürfen?" Mittlerweile kann ich auch ungelogen auf die Mitleidsschiene beim Stimmvieh machen. „Bitte unterschreiben Sie doch, es fehlen nur noch 42" oder „Ich stehe hier schon seit Wochen und möchte einfach nur noch ins Warme" zünden immer. Denn seit geraumer Zeit stehe ich wirklich nur noch alleine da. Die Ehrenleute von AIB haben es schon geschafft. Aber viel haben wir

auch nicht mehr und mit jeder geleisteten Unterschrift zähle ich innerlich einen Countdown herunter. „Nur noch 42…..nur noch 41….nur noch 40….". Doch nicht jeder hat so ein gutes Herz und lässt sich für zwei Minuten seiner Lebenszeit erweichen. Ich begegne bei den Fahrradständern vor dem Bürgerbüro einem Mann der sich, laut und auf offener Straße wohlgemerkt, als Stammwähler der lolSPD outet. Anscheinend schämen sich die Leute heutzutage für gar nichts mehr. Der Mann ist zwar mir gegenüber freundlich, erläutert mir jedoch, dass er für uns nicht unterschreiben will. Und jetzt kommts, auch das posaunt der Stimmenwegschmeisser auf offener Straße, vor anderen Leuten, frei heraus: Weil er weiß, wenn wir auch noch bei der Kommunalwahl mitmachen dürfen, die lolSPD noch weniger Stimmen kriegt, als sie es eh schon tut. Hätte der selbsternannte Genosse ein anderes äußeres Auftreten gehabt, ich hätte schwören können, ein Comedian stünde vor mir. Oder einfach nur eine ehrliche Haut. Ich musste meine hektische Schnappatmung, gepaart mit meinem Hang lauthals loszulachen, unterdrücken.

Auch mein Vorschlag „werfen Sie Ihre Stimme doch nicht weg, ich mache das für Sie" wird gekonnt ignoriert. Nach meinem „naja schaffen werden wir es wohl trotzdem, uns fehlen nur noch um die zwanzig Unterschriften" erschnupperte ich sofort einen beißenden Gestank. Ich führte diesen entweder auf plötzlich auftretenden Angstschweiß oder spontane Selbsteinnässung meines Gegenübers zurück. Eine Unterstützerunterschrift habe ich von ihm wie gesagt nicht bekommen. Vielleicht war er es auch, der unsere schönen Lisa-Suchbilder beschädigte!

Ob purer Vandalismus oder doch Fans, die auf Lisa-Fotos aus waren, lässt sich leider nicht mehr feststellen.

Der 30. Januar 2020, was sollte das nicht für ein historischer Tag werden. Auch dieses Datum bitte in die Chroniken der Geschichte der PARTEI Augsburg fett eintragen. Für diesen Tag war unsere MDMA, kurz für „Mahnwache für Demokratiebeteiligung auch für München-Pendler und Arbeitnehmer" angesagt. Wir waren uns sehr sicher, dass wir durch dieses Freudenfest den Sack an dem Tag zu machen würden. Waren die Rahmenbedingungen für die Unterschriftensammlung durchweg bescheiden, man hätte ja vielleicht das Rathaus mal öfters als einen Tag – kurz vor Weihnachten – aufmachen können, zeigte sich die Stadt hier gnädig. Das Bürgerbüro hatte Sage und Schreibe bis 20 Uhr geöffnet. Und ein Tag reicht ja wohl für jeden verdammten

Arbeitnehmer aus, um da reinzumarschieren und sein Recht auf Demokratie wahrzunehmen, Herrgott nochmal!

Etwaige Wortspiele waren natürlich reiner Zufall und komplett unbeabsichtigt.

Ich konnte es kaum erwarten, bei dem historischen Moment dabei zu sein, wenn wir über die 470 Unterschriften für die Liste kommen würden. Da ich nach den ganzen Wochen schon sehr dicke mit den Mitarbeitern im Bürgerbüro, welche die ehrenvolle Aufgabe hatten, die Unterstützerunterschriften entgegenzunehmen, wurde, durfte ich es mir erlauben mehrmals am Tag hineinzugehen und nach dem aktuellen Stand zu fragen. Ich hatte gegen 14 Uhr so ein Gefühl jetzt könnte es langsam passen. Sehr entgegenkommend meinte man zu mir, dass man sogar extra in allen Außenstellen anrufen würde, um mir die exakte Zahl nennen zu können. Ich solle in einer halben Stunde wieder reinkommen. Was für ein Service! Ein noch größerer Service war allerdings, was danach passierte. Einer der Männer kam sogar zu mir nach draußen vor die Tür. Woher er wohl nur wusste, dass ich dastehen würde? Auf einem Zettel geschrieben, überreichte er mir die frohe Kunde, dass wir im Moment bei der Stadtratliste bei 480 Unterschriften stehen würden. Es war der 30. Januar 2020 um 14:08 Uhr, als wir auch diesen Befehl des Bezirksvorstandes vollends ausgeführt haben. Der Tragweite dieses historischen Zeitpunktes bewusst, fiel ich spontan auf die Knie und stieß einen Jubelschrei gen Himmel aus. Leider wurde dieser bewegende Moment nicht auf Farb- oder Bewegbild festgehalten. Der einzige Zeuge war ein mir unbekanntes Stimmvieh, welches ich gerade zum Unterschreiben reinbringen wollte. Unter Tränen gerührt verbreitete ich die frohe Kunde in sämtlichen Chats, die mir so eingefallen sind. Den Jubel der Genossen konnte ich durch mein Smartphone spüren! Die PARTEI kommt spät, aber heftig! Seiner bürokratischen Verpflichtung bewusst, verwies der Mitarbeiter noch darauf, dass wir uns nicht zu sicher sein sollen und noch Unterschriften sammeln sollten. Als ich ihm entgegnete, dass

ich halt dann noch zwanzig Leute reinschicken würde, erntete ich nur Gelächter. Er wird schon sehen!

Selbstredend zogen wir unsere MDMA dennoch durch,
wir hatten ja jetzt etwas zu feiern. Langsam, Stunde um
Stunde sammelten sich mehr treue PARTEI-Anhänger, Mitglieder, Freunde und Gönner ein. Und wie es der Zufall
will, hat noch irgend so ein Dulli ein paar Kästen Bier vor
der Kappe vergessen, uns gehörten sie jedenfalls nicht.

Zwinkersmiley. Wir bedienten uns reichlich und feierten
uns und unseren Erfolg, immerhin war in Augsburg an diesem Tag Denkwürdiges geschehen.

Ehrenvoller Ritterschlag nach Erreichung der Unterschriften.

Kurz vor 20 Uhr wollten wir in unserem Siegesrausch
aber dann doch nochmal die aktuellen Zahlen erfahren.
Hey, die Mitarbeiter waren ja wirklich noch anwesend. Nur
wegen uns. Hab ich schon erwähnt, was das für ein Service
ist! Die Ereignisse überschlugen sich nun förmlich, als uns
dann auch noch mitgeteilt wurde, dass Lisa bei 592 Stimmen, also mit den meisten von allen Oberbürgermeisterkandidaten, dastehen würde. Nächster Befehl erfolgreich

ausgeführt, Herr Bezirksvorstand. Spontan wurde ich an Ort und Stelle von der zukünftigen Königin von Augsburg, unserer Lisa McQueen, zum Ritter geschlagen. Hätte ich das ahnen können, als ich vor ihr auf die Knie ging?

Ähnlich wie der Deutsche Bundestag am 9. November 1989, der, als der Fall der Berliner Mauer bekannt wurde, spontan geschlossen aufstand und die Nationalhymne sang, so brach auch bei der Übermittlung der neuesten Zahlen in uns der Drang zum Singen heraus und es wurde in geschlossener Andacht das Lied der PARTEI angestimmt. Ich trage dem Fall der Berliner Mauer und dem Erreichen der 470 Unterstützerunterschriften in etwa die gleiche historische Bedeutung zu. Auch die Liste lag jetzt bei sagenhaften 535 Unterschriften. Als erste reine PARTEI-Liste haben wir es in Bayern geschafft, die Unterschriften zu holen. Ein rundum gelungener Abend. Und nebenbei haben wir uns noch ein bisschen klüger angestellt als die radikalen Veganer von der V-Partei. Wir haben am Ende des Tages kein Bußgeld erhalten. Hipp hipp hurra!

Gesammelte Unterschriften, Stand: 30.1.2020
links für OB, rechts für Stadtrat

WSA	551	545
V-Partei [3]	505	497
Generation AUX	-	506
AIB	581	540
Die PARTEI	592	535

Wahnsinn. Freitag der 31. Januar 2020 war der erste Tag unter der Woche seit dem 07. Januar, den ich nicht mehr vor der Blauen Kappe verbrachte. Ich kannte dieses Gefühl schon gar nicht mehr, da nicht hingehen zu müssen. Ich habe es bis heute aber auch nicht vermisst. Genüsslich konnte ich mich zurücklehnen und auf den neuesten Artikel unseres Diggi-Siggi warten. Wie würde er reagieren? Gab es wieder eine lustige Metapher? Eine schöne Umschreibung? Gar Anerkennung? Leider wurde ich enttäuscht.

Neues von Diggi-Siggi und der DAZ

Lisa McQueen und ihre Liste haben im Endspurt mächtig zugelegt und einen großen Sprung gemacht: Das Bürgeramt hat 535 Unterschriften für die "Die-PARTEI-Liste" gemeldet, womit die Spaßvögel zur Kommunalwahl zugelassen sind. Lisa McQueen kann sogar 592 Punkte verbuchen, womit McQueen Oberbürgermeisterin unter den Qualifikanten geworden ist (DAZ-Artikel vom 31.01.2020).

Schade Siggi, nach all den Spitzen uns gegenüber die Wochen zuvor war das ja fast schon neutrale Berichterstattung. Was ist nur aus dir geworden? Du warst mal cool!

„Es war ein langer, schöner Spaziergang"
(03.02.2020 bis 09.02.2020)

Siegestrunken. Das Wort beschreibt wohl die folgenden Tage am besten. Im Rausch der Gefühle und des zu erwartenden Katers in den nächsten gefühlten 72 Stunden haben wir spontan noch am Ort der Mahnmache die Standarbeit für Samstag abgesagt. Also zwei kompetente Vorstände haben nach dem gefühlt fünften Bier diskutiert und den Beschluss dann lauthals in die Runde gebrüllt. So werden bei der PARTEI halt nun mal Entscheidungen getroffen – wurde auch wohlwollend anerkannt. Höchst spontane Kaltgetränke wurden am Wochenende natürlich trotzdem zu sich genommen. Alleine schon wegen unserer anhaltenden Unterstützung den regionalen Brauereien zuliebe.

Montag, 03. Februar 2020. Letzter Tag zum Unterschreiben. Als ich gegen 8 Uhr morgens aufwache (wohl meinem Werktags-Schlafrhythmus geschuldet) schaue ich aus dem Fenster. Es regnet. Für einen kurzen Moment mache ich mir Sorgen: Scheiße, wer soll denn bei dem Wetter zur Kappe rennen wollen zum Unterschreiben. Ich Dussel, da fällt es mir wieder ein: haben wir ja gar nicht mehr nötig. Der mir wohl dann egalste Regen meines Lebens. Mein Handy leuchtet auf. Super entspannt lese ich den neuesten Befehl des Bezirksvorstandes Schwaben: „Neues Ziel – 600 für Lisa". Der Mann treibt uns immer zu neuen Ufern. Ich entschließe mich spontan dieses Minimalziel von acht fehlenden Unterschriften diesmal komplett dem Stimmvieh zu überlassen und lege mich wieder hin. Bing! Wieder blinkt das Handy auf. Gegen 10:30 Uhr meldet sich der Bezirksvorstand wieder. Diesmal, dass er in ca. 30 Minuten bei der Kappe wäre. In einem Anfall von Arroganz vermelde ich nur, dass ich heute nicht vor Ort sein werde. Ein Satz der Tage zuvor noch undenkbar gewesen wäre. Auf die aufkommende Frage, ob ich denn aus Zucker sei, entgegne ich nur „ich bin schon sehr süß". Ob der Vorstand nun auf den Regen oder mein zartes Wesen anspielte? Wer weiß das schon so genau.

Kurz liege ich da in meinem Bett mit einem schlechtem Gewissen. Dieses hält allerdings nur ein paar Stunden an, bevor die endgültigen Zahlen veröffentlicht werden. Meine Strategie ging vollends auf. Zwei Vormittage haben es nochmal, wohlgemerkt selbstständig (ich bin ja so stolz auf dieses Augsburger Volk) und ohne vor den entsprechenden Einrichtigungen hineingebeten zu werden, zwanzig Menschen in die Bürgerbüros geschafft, die für unsere Lisa, und immerhin noch siebzehn für die Liste, unterschrieben haben. In diesem Fall wiederhole ich mich immer wieder gerne: und mal wieder ist Historisches passiert. Nicht nur haben wir als einzige bei den OB-Kandidaten mehr als 600 Unterschriften geholt, wir haben es sogar geschafft auch mit der Stadtratsliste die meisten zu holen. Ich musste darauf achten mein Smartphone an keine zu leicht entflammbaren Materialen zu legen, denn der Messengerdienst glühte förmlich an diesem Montagnachmittag. Mit zittriger Hand, da ich davor mit dem Händefuchteln beim Jubeln fast gar nicht mehr fertig wurde, schreibe ich dem Bezirksvorstand Schwaben, dass auch dieser Befehl von ihm vollends ausgeführt wurde und wir in beiden Listen die Nummer Eins sind. In meiner euphorischen Unverfrorenheit wage ich es sogar noch zu hinterfragen, ob er denn nicht stolz auf uns sei? Seine Antwort platzte vor Euphorie: „Vorwahlsieger! Jetzt Stichwahl." Der Mann weiß einfach zu motivieren!

Gesammelte Unterschriften, Stand: 3.2.2020
links für OB, rechts für Stadtrat

WSA	550	540
V-Partei [3]	508	500
Generation AUX	-	509
AIB	589	546
Die PARTEI	612	552

Dienstag, 04. Februar 2020. Nun ist es also wirklich und endgültig vorbei. Nie mehr Unterstützerunterschriften für eine Kommunalwahl sammeln. Sollte es jemals wieder soweit kommen, muss das die Generation nach mir richten. Vorläufig jedoch folgt schon wieder der nächste große Tag für Die PARTEI in Augsburg. Der Gemeindewahlausschuss tagt und bestätigt hochoffiziell alle Listen. Immer noch gerührt davon, dass meiner Wenigkeit zusammen mit dem Parteigenossen Kai, die Ehre gebührte unsere Partei dort zu vertreten, machte ich mich auf den Weg zur Kappe. Schon wieder dort, kann dieser Ausschuss nicht ausnahmsweise woanders tagen? Naja egal, darf ja diesmal sofort rein ins Warme. Und ich erlebe eine ganz andere Seite des Gebäudes. Tagungsraum im sechsten Stockwerk, das heißt diesmal was Anderes zu Gesicht bekommen als nur die Toiletten, den Kaffee/Suppenautomaten und den Unterschriftenraum im Erdgeschoss. Nette Aussicht hat man im Übrigen von hier oben. Gespannt und ehrfürchtig betreten wir den Saal, in dem die Tische wie in einer U-Form aufgebaut sind. Naja nicht ganz. Auf der offenen Seite des U steht noch ein Tisch und in der Mitte des Raumes ebenso ein kleinerer. Die Minuten verstreichen. Konrad von der V-Partei gesellt sich neben uns. Kritische Blicke fallen uns entgegen, natürlich waren wir in Parteikluft anwesend. Langsam füllt sich der Raum. Dann wird die super spannende Veranstaltung vom Vorgesetzten des Wahlleiters eröffnet. Formalien werden besprochen. Im Grunde bestehen die nächsten zwanzig Minuten nur daraus, dass der Sitzungsleiter eigenmächtig den Protokollführer bestimmt und immer haargenau und korrekt in mehreren Fällen die kompletten fünfzehn Parteien vorliest. Wann hat wer welche Liste eingereicht, welche Partei hat welchen OB-Kandidaten wann gestellt usw. Das bereitliegende Wasser für die Besucher hätte wohl eher der Herr selber brauchen können. Meine Stimmbänder wären ausgetrocknet. Kai und ich tauschen schelmische Blicke aus bei jeder Vorlesung unseres Namens: „Partei für Arbeit, Rechtsstaat, Tierschutz, Elitenförderung und basisdemokratische Initiative, kurz Die PARTEI". Unsere grinsenden Gesichter wandern bei dieser Situation jedes Mal durch den Raum. Von lächelnden Köpfen, rollenden Augen und prustenden Mündern ist alles dabei. Herrlich!

Dann geht's um die Wurst. Der Sitzungsleiter händigt den vier Damen und Herren, die in der Mitte sitzen, alle Unterlagen aus, dass jeder die 470 Unterschriften erreicht habe. Ein Hoch auf die Demokratie. Vertreter von der csU, lolSPD, Grünen und Pro Augsburg (warum diese Kleinst-Splitterpartei dort mitsprechen darf? Wer weiß das schon so genau) haben nun die Möglichkeit auf Bestätigung oder Einspruch. Da es nach wie vor totenstill im Raum ist, entlocken wir der guten Dame von Pro Augsburg, welche gerade anscheinend unsere Unterlagen studiert, ein „Hach, haben die an den letzten Tagen wohl doch noch richtig zugelegt".

In einem Tonfall, der vor Abschätzigkeit uns gegenüber und wissentlichem eigenen Stimmverlust nur so trieft. Frei nach dem Motto „Mist, noch ein Konkurrent mehr im Rennen". Tja, Demokratie meine Freunde. Der Wahlausschuss hat jedoch keine Einwände, würde für den auch nur unnötigen Mehraufwand bedeuten. Außerdem war ein Probestimmzettel auch schon zum Präsentieren für den Plebs ausgedruckt, wäre ja schade um das Geld der Verwaltung. Wir befinden uns auf der tollen Listennummer 13. Nicht viele, aber Die PARTEI definitiv, können diese Zahl zu einer Glücksnummer umwälzen. Und damit ist es nun auch von oberster Ebene offiziell: Wir sind für die Kommunalwahl mit beiden Wahlvorschlägen zugelassen: Historisches ist mal wieder passiert. Ein Freudentränchen wegwischend verabschieden sich Kai und ich und können es kaum erwarten, es dem willigen Stimmengebern mitzuteilen.

Da wir eine höchst professionelle und topmoderne Turbopartei sind entschließen wir uns die frohe Kunde durch eine Pressemitteilung zu verbreiten. Da mir diese natürlich vorliegt, spare ich mir die Tipperei und kopiere diese eins zu eins hier rein. Ist ja auch sogar vielleicht vom gleichen Genossen geschrieben worden, der für dieses Büchlein hier verantwortlich ist. Wer weiß.

Die PARTEI tritt bei der Kommunalwahl 2020 in Augsburg an

Die Hürden der Kommunalwahlen sind nirgends so hoch wie im csU-geprägten Freistaat Bayern. Umso schöner, wenn man sie trotzdem überwindet. 470 Unterstützerunterschriften waren nö-

*tig, um an der kommenden Wahl für den Stadtrat und das Stadt-
oberhaupt teilnehmen zu dürfen. Die PARTEI Augsburg nimmt
diese Hürde mit Grazie.*

*Die Kandidatenliste, angeführt von Kai Viertel, weiß, wem sie
das zu verdanken hat: „Der gesamte (ohne eine einzige Ausnahme) KV Augsburg bedankt sich überschwänglich bei allen
Augsbürgern, die dafür gesorgt haben, dass allen csU-Hindernis-
sen zum Trotz, nun der Wahlkampf mit der royalsten Augsburger
OB-Kandidatin Lisa McQueen und der grauesten Liste ever stattfinden kann". Mit Lisa und der PARTEI im Stadtrat stehe der
Fuggerstadt eine grau-goldene Zukunft bevor. „Make Augsburg
Grey again", so das Versprechen an die Wähler.*

*Die PARTEI kommt spät, aber heftig. Gegen aller Erwartun-
gen einiger Lokalmedien erreichte die PARTEI weit mehr als die
geforderten Unterschriften. Am Ende waren es knapp 600 für die
OB-Kandidatin Lisa McQueen und über 530 für die Liste. Alleine
am „langen Donnerstag", kurz vor Ende der Frist, wurde eine
dreistellige Anzahl an Unterschriften geholt. Der Strategie der
anderen Parteien entgegenwirkend, setzte die sehr gute PARTEI
auf Qualitätsstimmen, anstatt mit Krampf die erforderliche Anzahl zu bekommen. „Wir schätzen es sehr, dass sich unsere Un-
terstützer wohl überlegen, wann sie sich die Zeit nehmen, um die
arbeitnehmerunfreundlichen Öffnungszeiten der Bürgerbüros
wahrzunehmen. Der Angstschweiß der csU, der lolSPD und der
Spaßpartei FDP sollten sich schließlich noch ein paar Tage hin-
ziehen", resümiert Lisa McQueen.*

*Entgegen dem Trend der üblichen Phrasendrescherei setzt Die
PARTEI gewohnt auf ernste Politik im satirischen Stile. Durch
die Umbenennung Augsburgs in Fuggerstadt Augsburg werde
das Mietproblem gelöst, durch freie Fahrt für Bürger im FCA oder*

AEV Trikot sei sowohl der kostenlose Nahverkehr, als auch die lokale Unterstützung gesichert. Bei 100% + X wolle die PARTEI sogar das eintägige Friedensfest zum Friedensmonat ausweiten.

Die Lobpreisungen und die Glückwünsche, die sich von Schwaben aus über den ganzen Erdball ausweiteten, waren natürlich enorm. Während sich unser guter Kumpel Diggi-Siggi noch in ehrfürchtigem Schweigen hüllte, meldeten sich zahlreiche andere Lokalmedien zu Wort. Besonders stolz war ich auf den Artikel der Stadtzeitung. Diese verlieh mir aus dem nichts einen neuen schönen Titel, der sich sicherlich gut in meinem Lebenslauf machen wird: Chief Executive Collector, kurz CEC. Ich könnte vor Ehre im Boden versinken!

Neues von der Stadtzeitung

Der historische Vorsieg Lisa McQueens blieb auch in Brüssel nicht unbemerkt. "Glückwunsch" kam es umgehend aus dem Büro von Martin Sonneborn. Stolze 500.000€ Wahlkampfgeld sollen angeblich helfen, die Oberbürgermeisterin in Augsburg durchzusetzen, so zumindest bei der Regionalpartei csU. Die PARTEI Bundeszentrale Berlin wird Lisa und die lokale Stadtratsliste aber auch nicht im Regen stehen lassen und ihrerseits 500€ in den Wahlkampf pumpen. Die Hälfte des Geldes wurde bei einer spontanen Jubelfeier bereits vertrunken (Stadtzeitung-Artikel vom 04.02.2020).

Tja, jetzt sitze ich hier und habe lange überlegt, ob ich eigentlich noch weiterschreiben soll. Immerhin ist ja die Zeit der Unterstützerunterschriften zu erreichen nun geglückt und vorbei. Bis zur Wahl sind es ja noch einen guten

Monat. Ich hab dann auch ein paar Tage das Schreiben gelassen. Dann ist aber in diesem Wahlk(r)ampf noch so viel passiert, dass ich mir schlussendlich doch noch dachte „ach was solls". Die darauffolgenden Wochen waren einfach zu spaßig, um sie nicht schriftlich festzuhalten und sich irgendwann mal besser an sie zu erinnern. Und es war ja Anfang Februar noch nicht abzusehen, was noch so alles passieren würde.

Erstmal stand nur am Wochenende darauf, wir waren alle langsam wieder nüchtern, eine Standarbeit an. Erfreulicherweise haben Städte wie Regensburg, Bamberg und Isar-Preußen auch noch nachgezogen und das Unterschriftenziel erreicht. Wie erfreulich! Bayernweiter Wahlk(r)ampf, hurra! Und schon rauchten wieder die Köpfe. Was können wir noch alles tun? Wie fallen wir auf? Wie machen wir das Stimmvieh auf uns aufmerksam? Standarbeit ist ja schon gut und schön, aber wie der Name schon sagt steht man. Ortsgebunden. Was ist wenn eine arme Seele durch die Innenstadt geht und zufällig in einer Parallelstraße an uns vorbeiläuft und den sehr guten PARTEI-Stand gar nicht wahrnimmt? Und womöglich noch csU wählt? Nicht auszudenken. Eine Turbopartei, wie wir es sind, ist ja immer in Bewegung. Mobilität ist also das Stichwort. Wir mussten unseren Infostand also transportfähig machen. Wie aber unseren Bierdurst nicht vernachlässigen? Erich, unserem Konstruktionsgenie, kam die entscheidende Erleuchtung: Bollerwagen! Was für eine Idee! Wir haben Platz für einen Kasten Bier und können nebenbei unser Material verteilen. So marschierte ich denn auch am Samstag, den 08. Februar 2020 zur Werkstatt, wo das tolle Machwerk zusammengeschustert wurde. Ich staunte Bauklötze, als ich realisierte, dass das nicht nur ein einfacher Bollerwagen wird. Nein, wir haben auch eine Erweiterung nach oben mit

Abbildungen unserer besten Wahlplakate, als auch der Kandidaten. Man sollte ja schließlich von Weitem schon erkennen wer hier durch die Straßen wandert (die grauen Anzüge und das immer wieder singende Lied der PARTEI-Hymne waren uns, um aufzufallen, noch nicht sicher genug). Vorsorglich wurde auch noch eine Hupe angebracht. Stimmvieh, das uns im Weg rumläuft? Nein danke! Handwerklich begabt wie ich schon immer war, durfte ich bei der Finalisierung des Bollerwagens noch mithelfen. Fachmännisch und ohne Probleme tackerte ich die Bilder an die dafür vorgesehene Fläche. Ein Traum!

Mit einem für jeden sichtbares Wahlprogramm ging es mit hopfenhaltiger und tierischer Unterstützung in die Innenstadt.

Zügig sämtliches Flyermaterial, was grad so rumlag einpackend, ging es dann endlich los Richtung Königsplatz, wo die gespannt wartenden Genossen sicher schon am Verdursten waren. Es wurde nicht schlecht gestaunt, als wir hupend und dehydriert ankamen. Mir wurde Gottseidank schnell ein Gerstensaft gereicht. Der restliche Kasten passte perfekt in den Wagen zur Stabilisierung. Bei schönem sonnigen Wetter (Petrus war uns im gesamten Wahlk(r)ampf übrigens immer sehr wohl gesonnen) ging es dann auch zum lockeren Stimmenfangspaziergang los. Nein, wer steht denn da gleich in Sichtweite? Die Grünen. Gleich mal hin da. Bei der netten Plauderei mit den Baumliebhabern fiel mir schon auf, dass die Leute sich eher für unser Mobil als für den 0815-Stand der Restfarbenverweigerer interessierten. Mein Blick wandert durch die örtliche Lokalprominenz. Huch, wen erspähen meine Augen denn da? Anton Hofreiter. Und schon sehe ich unseren Kameraden Niklas, wie er pflichtbewusst dem guten Herrn einen unserer sehr guten Flyer anbietet. Mit hochrotem Kopf – komisch, dachte er wäre mit Leib und Seele ein Grüner, wenn das die lolSPD und die Linke sieht – lehnt er ihn „freundlichst" ab. Schade! Zeit weiterzugehen.

Als wir Richtung Karstadt abbiegen, erblicken meine Augen die einzige „Partei", gegen die ich wirklich nichts sagen kann in Augsburg: die Ehrenmänner von Augsburg in Bürgerhand. Ich treffe auch wieder auf den guten Franz, der mit mir das ein oder andere Mal tapfer vor der Blauen Kappe ausgehalten hat. Uns dem Dilemma bewusst, dass wir nie alle gleichzeitig auf ein Gruppenfoto können, weil es ja einer machen müsste, lassen wir uns professionell von der AIB ablichten. Herrlich! Dann geht's auch schon wieder weiter, die frohe PARTEI-Botschaft muss an noch mehr Menschen gebracht werden. Apropos „frohe Botschaft", da komm ich irgendwie auf Christus, und von da auf die csU. Camp Eva ist ja gleich ums Eck. Hier handelt es sich um die csU-Wahlkampfzentrale, in der für einige hunderttausend Euro ganz tolle und innovative Ideen für den Augsburger

Wahlk(r)ampf geschmiedet werden. „Sag Ja zu Augsburg"
ist in etwa einer der ausgedachten Slogans. Wow, da sieht
man mal wieder, was überteuerte Profis alles zu leisten im
Stande sind. Naja, mag es der Biergenuss, oder Motivation
allgemein gewesen sein, aber wir entschlossen uns: hin da!
Textsicher zitierten wir den Text unserer sehr guten Lisa-
Karte: „Die Zeit der Weber ist vorbei". Und damit meine ich
laut schreien. Die OB-Kandidatin der Christ-Sozialen (welche Ironie, genau zwei Werte die bei der csU schon längst
flöten gegangen sind), Eva Weber, kam auch tatsächlich
heraus. Ein netter Plausch setzte ein. Wir sind ja eine tole-
rante Partei, und jeder ist mal im Leben auf dem falschen
Pfad gewesen. Leider war jedoch den vernebelten Gesellen
der Union die Verwirrtheit leicht anzusehen, denn kurzerhand wurde unser schöner Bollerwagen mit einem Müllei-
mer verwechselt. Eine ganze Kiste von „Webärchen" (Fünf
überharte, nicht vegane, Gummibärchen in einer großzügigen Plastikverpackung mit tollen Wortspiel drauf) wurde
darin entleert. Naja, wir hatten jetzt immerhin einigermaßen essbaren Proviant. Nach der Aufnahme eines schönen
Gruppenlichtbildes zogen wir wieder zufrieden von dan-
nen. Hoppla, keine Stunde später erspähten wir das Bild
auch schon im Internet. Die Aussage, wir wären zum Merch
abholen vor das Camp Eva gezogen, ließen wir einfach mal
so stehen. Artig bedankten wir uns für die Webärchen und
die damit folgende Plastikmüllflut. Kritisierten aber, dass
wir keinerlei Willkommensbier bekamen!

Nachdem wir uns noch höchst professionell von weite-
rem Augsburger Stimmvieh vor dem Dom (Steinansamm-
lung, die eigentlich keinen so richtigen Zweck mehr erfüllt)
ablichten ließen, kehrten wir in unserem finalen Ziel, der
PARTEI-Zentrale Kätchens, ein. Unsere stets volksnahe
Oberbürgermeister-Königin Lisa ließ es sich nicht nehmen,

sich für ein letztes Gruppenbild zu uns niederem Volk zu gesellen. Vielen Augsburgern wurden die Augen an dem Tag hoffentlich geöffnet und dem ein oder anderen ein Lächeln ins Gesicht gezaubert. Wer schafft das schon außer der Partei Die PARTEI?

Aufgrund des geleisteten Tageswerks höchst zufriedene Genossen vor der Einkehr in die PARTEI-Zentrale.

„Wenn Lisa halt nicht so ein fettes Schwein wäre"
(10.02.2020 bis 16.02.2020)

Kennt ihr vom Religionsunterricht noch die Geschichte der Arche Noah? Keine Angst, ihr müsst euch keine überteuerte Bibel kaufen, um das nachzulesen. Kurz gesagt: Gott hat auf die Erde geschaut, und ihm hat sein „Werk" nicht gefallen. Also ließ er einen Typen ein großes Schiff bauen, damit der gerettet wird. Allen anderen schickt er die Sintflut, um das ganze Elend hinwegzuschwemmen. Zeitensprung: Wir sind wieder im Jahr 2020. Gott sah auf Augsburg, ihm gefiel dieser hässliche Wahlschilderwald nicht. Diesmal entschied er sich aber gegen eine Sintflut und für den Sturm „Sabine" (warum sind die Dinger eigentlich immer nach Frauen benannt? Wer weiß das schon so genau), der das alles hinwegfegen soll. Und der Herr tat Gutes, sage ich euch! In Bayern ein laues Lüftchen, dass vielerorts zu schulfreien Tagen führte. Verdammt, wo waren diese „Stürme", als ich damals in der Schule war? Gut, dass wir von der sehr guten Partei Die PARTEI uns noch Zeit lassen mit dem Plakatieren. Wie die Mäuschen verkrochen wir uns in unseren Wohnungen, um das Resultat am Montag, den 10. Februar zu begutachten.

Eine milde Briese wehte noch. Aber zu ungemütlich, um rauszugehen. Mein Handy leuchtet auf. Genosse Lucas fragt an, ob wir für die armen Parteimitglieder in der Arbeit die Müllhalde Augsburg (was Anderes war es an diesem Montag nicht) dokumentieren wollen. Naja, zu zweit ist es ja immer lustiger, warum also nicht? Weit mussten wir auch nicht gehen, und sahen schon das ganze Elend. Überall lagen die qualitativ hochwertigen und inhaltsvollen

Wahlk(r)ampfplakate der anderen „Parteien". Viele waren beschädigt, stark geknickt und generell unbrauchbar. Ein Hauch von Erleichterung machte sich bei uns breit, dass wir immer noch nichts aufgehängt haben. Ähnlich wie nach der Sintflut, konnte also nun ein komplett neuer Anfang gemacht werden. Es würden sicherlich jetzt viele neue Plätze für unsere tollen Plakate frei werden. Naja, Träumer waren wir schon immer ein bisschen. Es dauerte wirklich nicht lange und die „Parteien" waren emsig am Neuplakatieren. Teilweise sogar mit neuen frischen Motiven. Ich muss wohl an dieser Stelle nicht erwähnen, dass die „neuen" Plakate den alten in nichts nahestanden und mir wieder die gleichen inhaltslosen Sprüche und Radiogesichter jeden Tag entgegenlachen werden. Für einen kurzen Moment aber glaubten wir an ein göttliches Zeichen in Form eines lauen Lüftleins, welches in Augsburg diesen ganzen Politikirrsinn hinwegfegen wollte. Er kam allerdings schlimmer zurück als vorher.

Manchmal entstehen in unseren Gruppenchats die wildesten Ideen. Viele so wild, dass sie wieder verworfen werden. Manchmal auch zu Recht, Smiley! Aber unserem sehr guten ersten Vorsitzenden kam in dieser Woche eine Idee, die gar vorzüglich war. Wir mussten uns ja jetzt jede Woche toppen, was bei unserem qualitativen Output ja wirklich von Tag zu Tag schwieriger wurde. Unsere OB-Kandidatin ist ja eine zukünftige Oberbürgermeister-Königin. Und was macht man mit einer Königin? Richtig, man trägt sie mit einer Sänfte durch die Straßen. Die Mechanismen wirkten, die Gruppe war angeheizt. Das Schwarmwissen setzte ein. Ich verfolgte den Chat mit großem Interesse und realisierte, dass hier nicht mehr herumgealbert wird. Shit just got serious! Wir ziehen das durch! Mein Handy hörte gar nicht mehr auf zu blinken. Schon hatte man einen Stuhlspender gefunden (also von einem Möbelstück), schon wurde Lisa angefragt, ob sie denn kommendes Wochenende Zeit hätte, schon wurde die Konstruktion geplant.

Ich staunte nicht schlecht, als ich unter der Woche in der Genie-Werkstatt unseres Genossen Erich vorbeischaute und unseren ersten Vorsitzenden fleißig an der Sänftenkonstruktion basteln sah. Vom Glauben abgefallen bin ich dann, als ich die neuesten Pläne für den Bollerwagen erspähen konnte. Dieser wurde nochmal erhöht. Eine Konstruktion sollte am Dach festgeschraubt werden mit vier sehr guten Wahlplakaten von uns, welche mit Klettverschluss befestigt sind. Kann auch als Jackenstauraum benutzt werden. Genial. Immerhin sind wir jetzt von Weitem schon gut erkennbar, hurra! Nach und nach strömten aber auch die ganzen „Nachteile" einer solchen Sänfte in unsere Köpfe. Wie viele Träger brauchen wir? Wie schwer ist Lisa eigentlich? Drückt das nicht auf die Schulter? Brauchen wir Polster? Hat Lisa eine Krone und Robe? Alles verzwickte Fragen, die nach und nach gelöst wurden. Polster wurden angeschraubt, Outfit besorgt, Gewicht allerdings aus Pietätsgründen nicht gewogen.

Vorbildlich: hier packt der Vorsitzende noch persönlich mit an.

Nach stundenlangem Sägen, Schleifen und Schrauben konnte es endlich losgehen. Blut, Schweiß und Tränen habe ich beim Hinweg zu unserem sehr guten Infostand an diesem Samstag, den 15. Februar genug vergossen. Die Sänfte zu zweit zu tragen - danke an dieser Stelle an meinen sehr guten Parteigenossen Kim – war ja kein Problem, aber der Bollerwagen war mittlerweile über zweieinhalb Meter groß. Bei jeder Kurve, jedem Bordstein und jedem parkenden

Auto hatte ich das Gefühl, er würde gleich umkippen. Hatten wir eine ausreichende Haftplicht? Hab ich überhaupt eine? So viele Fragen. Aber unserem physikbegabtem Parteikollegen Erich war schon klar, dass der stabil ist. Hätte ich doch damals Anfang der 2000er nur besser in Physik aufgepasst, ich Tölpel.

Die Freude war groß, als wir endlich den Infostand erreichten. Wie es der Zufall will, war es auch noch der royale Geburtstag unserer zukünftigen Oberbürgermeister-Königin. Wie passend. Man staunte nicht schlecht über die neueste Konstruktion des Bollerwagens. Eine Augenweide! Hastig wurde der Stand abgebaut, alles eingepackt und ein Kasten Bier (auch zur Stabilisierung) in den Bollerwagen gelegt. Effektiv wie wir nun mal sind, haben sich recht schnell vier nahezu gleichgroße Menschen zum Tragen unserer Queen gefunden. Ich war auch einer dem diese ehrenvolle Aufgabe zu Teil wurde. Unter großem Jubel des anwesenden Volkes wurde die Königin in die Höhe gewuchtet. Hey, gar nicht so schwer wie ich dachte. Ich sollte mich noch täuschen. Unter filmischer Begleitung des sehr guten Herrengedecks und unseres sehr guten Parteigenossen Tobi ging es dann los in Richtung Rathausplatz. Von diesem großen Moment überwältigt, wurde mehrmals das Lied der Partei angestimmt. Zu Beginn habe ich noch lauthals mitgesungen, doch bald schon machte sich das Gewicht auf meiner Schulter, plus das jahrelange versäumte Schultertraining bemerkbar. Verdammt, es wurde immer schwerer. Aber wie Jesus das Kreuz für seine Überzeugung trug (glaubt man einem zweitausend Jahre alten Buch), so beförderte auch ich, voller Glaube an die gute Sache, unsere Lisa durch die Straßen Augsburgs. Möge der Pöbel sie bejubeln. Das hochgeschätzte Stimmvieh an den Innenstadt-

Hotspots (Rathausplatz, Königsplatz, Moritzplatz, Annastraße etc.) staunte nicht schlecht und wusste gar nicht wo es zuerst hinschauen sollte. Wie ein Naturtalent skandierte unsere zukünftige Stadträtin auch, dass man doch am 15. März Die PARTEI wählen sollte. Ich glaube, die Message kam an. Hätte ich für jedes „Hurra" das geschrien wurde einen Kurzen trinken müssen – ich wäre jetzt tot. Besonders erfreulich noch unser Besuch bei den radikalen Veganern von der V-Partei, denen wir noch ein „so geht Wahlkampf" bei unserer Verabschiedung entlocken konnten. Unser einziger Wehrmutstropfen an diesem Tag war das leere Camp Eva der csU, zu welchem wir selbstverständlich mit Sprechchören wie „die Zeit der Weber ist vorbei" pilgerten. Mit wohlverdienter Pause vor selbigem. Es wäre sicherlich eine nette Unterredung geworden. Blöd nur, wenn man für das Wahlvolk nicht mal mehr an einem Samstagnachmittag verfügbar ist. Oh Mann, was war ich doch um jeden Schulterwechsel dankbar. Langsam zwickte es schon richtig, aber ich hielt tapfer durch. Ein Belohnungswebärchen bekam ich übrigens keins. Dafür Bier. Nehm ich auch dankend an.

Dass die Aktion großen Anklang beim hochgeschätzten Stimmvieh fand, konnten wir am nächsten Tag in diversen Instagram Stories, zahlreichen Facebook Posts und an den Reaktionen unseres eigenen Videos (danke nochmals an Parteigenosse Tobi für das gekonnte erstellen dieser Momentaufnahmen in Farbe und HD) sehen. Wahlwerbung vollführt, und Sport hatte ich ja auch noch gemacht, was mir meine Schultern die nächsten zwei Tage mitteilten. Tja, man wird halt auch nicht jünger. Doch insgesamt war ich mir sicher: besser kann es ja gar nicht laufen. Ich sollte mich täuschen.

Von links nach rechts: eine höflich winkende Lisa mit vier ihrer schulterstärksten und willigsten Träger-Lakaien, ehrfürchtige Ehrerbietung vom Herrengedeck Royal, zahlreiche Fangirls. Im Hintergrund: die zukünftige Arbeits- und Wirkungsstätte unserer Queen.

„Die größte Woche für Die PARTEI in Augsburg ihrer Geschichte" (17.02.2020 bis 23.02.2020)

Nur noch weniger als einen Monat bis zur Kommunalwahl. Langsam sollten wir uns mal Gedanken über das Plakatieren machen. Aber Vorsicht! Wahlplakate aufhängen ist schließlich eine hochkomplexe Angelegenheit und mit tausenden von Regeln verbunden! Hinzu kommt noch, dass das zuständige Ordnungsreferat, und damit die Oberaufsicht über die Einhaltung der Verordnungen, die lolSPD mit dem Adlerauge Dirk Wurm innehat. Also bloß keine Fehler machen! Was also tun? Am besten wäre es wohl, mit gezückter Stadtverordnung und mehrseitigem Regelwerk loszumarschieren und uns mal ein paar Beispiele anschauen, wie man es korrekt macht. Weit kamen mein Parteigenosse Lucas und ich allerdings nicht. Kaum aus dem Bismarckviertel draußen, überlegten wir, unsere Strategie zu ändern.

Anfangs konnten wir es gar nicht glauben. Am Theodor-Heuss-Platz hing schon das erste Plakat des OB-Kandidaten der lolSPD, welches ihn zweifelsohne von seiner besten Seite zeigt. Lucas und ich wurden stutzig. Stand in der Verordnung nicht was von mindestens zwanzig Metern Abstand zu Ampeln? Genosse Lucas schlägt nach. Tatsächlich! Aber es kann sich doch nur um ein Missverständnis handeln. Wir messen nach und stutzen noch mehr. Das sind definitiv keine zwanzig Meter, auf jeden Fall unter fünf sogar. Naja, vielleicht gibt es eine Sonderverordnung, wer weiß das schon. Wir bewegen uns von der Seuchenkreuzung an der Fachhochschule vorbei. An einer Straßengabelung stockte uns der Atem. Doch bevor wir wieder auf falsche Schlüsse kommen, konsultieren wir unseren guten Freund

Google. Aber ja, das Dreieck mit der spitzen Seite nach unten ist definitiv ein Verkehrszeichen. Aber wer hat das an den Masten mit dem lolSPD Plakat befestigt? Geschwind die Verordnung gezückt, haben wir auch schnell nachgelesen, dass auch das verboten ist. Uns dröhnt der Kopf, erstmal zum Durchatmen und Erholen an den nächsten Bach. Aber was hängt da am Brückengeländer? Wieder unser Parteifreund und Oberbürgermeisterkandidat. Wie kann das sein? So dämlich kann doch eine Partei, welche auch noch das Ordnungsreferat innehat, nicht sein. Neben zu frühem Aufhängen auch noch auf sämtliche Regeln pfeifen? Undenkbar, es kann sich nur um diverse Missverständnisse handeln. Erstmal wieder nach Hause und darüber nachdenken. Also ab zur nächsten Haltestelle des öffentlichen Personennahverkehrs. Als da verbotenerweise auch noch ein Plakat in nicht ganz so feiner roter Farbe hängt, kommt es uns schlagartig. Wir Idioten. Als würde die lolSPD sich schon wieder blamieren. Niemals! Selbstverständlich handelt es sich um einen Anschauungsservice der Sozis. Das haben die sicher mit Absicht so gemacht, um den anderen Parteien die korrekte Vorgehensweise zu verdeutlichen. Durch all die negativen Beispiele wussten wir ja jetzt, wie man es nicht machen sollte. Was für eine feine Dienstleistung. Ich meine, muss ja so sein, oder? Naja, jedenfalls sahen wir es in unserer Pflicht diese Leistung auf diversen Onlineplattformen löblich zu erwähnen und bildlich zu veranschaulichen. Aufmerksame Beobachter teilten uns durch die Kommentarfunktion von weiteren augenscheinlichen Verstößen von den Sozialisten mit, und zwar auf dem kompletten Stadtgebiet. Ich wiederhole mich: welch ein Service! Falls diese Zeilen ein angehender Parteianer liest, welcher in Zukunft mal selber plakatieren will, dann hat er hier die ersten feinen Hinweise, wie er es zu unterlassen habe. Und da sagt man doch immer, die lolSPD tue nichts mehr für die Gesellschaft. Erstunken und erlogen!

Lehrbuchmäßig aufgezeigt, wo man überall nicht plakatieren darf: unter 20m Abstand zu Ampeln, an Verkehrsschildern, an Brückengeländern und bei Haltestellen (von links nach rechts).

Den Schock über so viel Weitsicht erst mal verdauend, freute ich mich einen Tag später auf das Konzert der Klangliedermachergruppierung Deichkind in der Schwabenhalle. Zu unser aller Überraschung outete sich die Kapelle als überzeugte PARTEI-Fans. Drei Stationen der Deutschlandtournee sollten im csU-diktierten Bayern stattfinden. Nürnberg, München und Augsburg. Unser Landesvorstand, Ruhm und Ehre gebühre ihm, konnte auf Anfrage beim Management der Schallwellenerzeuger eine schnelle Zusage erhalten. Und zwar für einen Infostand in den Foyers der jeweiligen Spielhallen in den drei Standorten. Der Jubel war groß. Das Los musste entscheiden, denn die Plätze waren auf sechs Personen begrenzt. Und mit Los meine ich, die ersten sechs die sich melden bekommen den Platz. Der Andrang war groß, doch ich konnte einer der Auserwählten werden. Hurra! War doch die Fanbase von Deichkind prädestiniert dafür, auch unser Wahlvieh zu sein. Alles war organisiert, von Flyern bis zum Bierpongtisch, von Wahlprogrammen bis Karten. Den Lobgesang auf die Instrumentenbediener konnten wir allerdings nicht unerwähnt lassen und kündigten stolz unsere Anwesenheit, und damit die Aufwertung des Konzertes, über die üblichen sozialen Medien an. Klar, wir würden eh sofort erkannt werden, aber so viel Fanmanagement und politische Weitsicht sollte doch nicht unerwähnt bleiben.

Die Freude auf das baldige aus der Hand reißen unserer Flyer wurde allerdings circa zwei Stunden vor dem Auftritt getrübt. Unser erster Vorstand Roland bekam eine höchst unschöne E-Mail. Ich bin mir nicht mehr sicher von wem, ob von der Stadt oder vom Betreiber. Jedenfalls muss diese Person anscheinend relativ wichtig gewesen sein. Denn ihr wurde unsere Online-Ankündigung zugespielt, dass wir mit wohlwollendem Zuspruch von Deichkind in der Vorhalle mit einem Stand stehen. Kurzerhand wurde dies verboten. Es wurde auf die „politische Neutralität" der Schwabenhalle verwiesen. Hm, wieder so ein Wort was anscheinend verschiedene Leute anders definieren. Zwei Monate zuvor fand in just derselben Halle nämlich eine Messe statt, mit mehreren Partei-Infoständen. Auf alten Fotos sah man stolze Vertreter der Grünen, der csU und auch der AfD, wie sie sich vor ihren Infoständen ablichten ließen. Letzteren wurde sogar die ganze Halle für einen Parteitag zur Verfügung gestellt. Politische Neutralität ist anscheinend eine sehr komplizierte Sache. Durchgeführte Telefonate brachten keine neuen Erkenntnisse, und so mussten wir dem Management von Deichkind die traurige Kunde überbringen. Es wurde die Mail weitergeleitet, plus die weitere Absage am Telefon. Hingefahren sind wir sechs tapferen Recken (Lisa, Roland, André, Kai, Kim und meine Wenigkeit) trotzdem. Wer weiß, vielleicht kriegen wir ja doch noch die Freibändchen etc. Bin zwar immer noch Niederbayer, aber immerhin sind wir ja in Schwaben.

Nach kurzer Unterredung, wie wir denn nun diese Absage medial ausschlachten könnten, staunten wir nicht schlecht über den folgenden Anruf, den unser Kreisvorstand Roland bekam. Gebannt hörten wir alle per Lautsprecher zu. Das wirklich bepisste Management von Deichkind war am Apparat. Anscheinend sahen sie die Absage noch weniger ein als wir. Immerhin hat die Band es ja ausdrücklich erlaubt. Es kam aber noch besser. Laut dem Herrn am anderen Ende soll der Antrag für unseren Stand jetzt frisch beim damaligen Oberbürgermeister Gribl, csU, auf dem Tisch liegen und wir warten auf die Entscheidung. Hihi, beim OB direkt am Tisch. Wenn er es jetzt ablehnt, hätten wir hervorragendes Material. Keine zwanzig Minuten später hatten wir wieder das Management am Telefon. Noch angepisster als vorher. Antrag abgelehnt. Der ersten Enttäuschung wich die Freude. „Das können wir natürlich so nicht stehen lassen", erklang es aus der Leitung. Kurzerhand schlug uns das Management vor, zwei von uns zum letzten Song mit Fahnen der PARTEI auf die Bühne zu holen und die restlichen vier dürften vor der Bühne Flyer und Aufkleber ins Publikum werfen. Zusätzlich würde der DJ, der als eine Art Vorband agiert, noch den Song vom ehrenwerten Herrengedeck Royal einspielen und unser „nicht denken, einfach wählen" Wahlplakat an die Leinwand werfen. Jackpot! Wir sagten natürlich sofort zu. Und das konnte die csU nun wirklich nicht verbieten. Unser Staunen und Lachen war riesengroß!

Alles klappte auch wie am Schnürchen. Wir bekamen im Foyer, welchem unser Stand wirklich gutgetan hätte, die Bändchen und weitere Instruktionen. Schnell waren wir uns einig, wer denn auf die Bühne sollte. Die Ehre gebührte unserer Oberbürgermeisterkönigin Lisa, sowie unserem Kai auf Listenplatz eins. Erwähnenswert war auch die Security am Eingang. Erstmal staunte diese nicht schlecht, als wir alle in PARTEI-Kluft aufmarschierten. Auch wurde noch die Zeit gefunden, jeden von uns gründlich abzusuchen und nach möglichen mitgebrachten Stickern zu befragen. Welch ein Kreuzverhör, hihi. Hat da etwa jemand bestimmte Anweisungen der csU ins Ohr geflüstert bekommen? Zu spät, das Merchandise war längst per Auto über einen Seiteneingang ins Gebäude gelangt. Management von Deichkind sei Dank!

Das grandiose Konzert genoss ich dann in vollen Zügen. Stolz wie Bolle waren wir dann auch, als der DJ sein Wort hielt. Riesengroß flackerte unser Wahlplakat auf der Leinwand und Tausende durften den wohltuenden Klängen vom ehrenwerten Herrengedeck lauschen. Selbstredend wurden wir sechs in unserem feinsten Grau auch sofort erkannt. Für Autogrammwünsche war das Publikum aber anscheinend leider zu schüchtern. Lediglich eine junge Dame fragte mich, ob mir denn im Anzug hier nicht zu heiß sei. Bitch, please! Für Die PARTEI schwitze ich doch gerne ein paar Liter aus.

Das vorletzte Lied war dann auch unser Stichwort. Schon ein bisschen nervös begeben wir uns zu einer Nebentür, die auch wie versprochen aufging. Sechs Parteianer im Backstage bei einem Konzert. Für die Crew muss das ja ziemlich aufregend gewesen sein. Über den Seitenausgang werden wir hinter die Bühne geführt, von Koks und Nutten allerdings keine Spur. Dafür durfte ich das erste Mal erleben, wie es hinter einer Bühne bei einem Livekonzert so zugeht. Es herrscht allgemein eine aggressive Stimmung, Menschen rennen umher, es wird sich angeschrien. Klar, auf einmal sechs Leuten von der Partei Die PARTEI gegenüberzustehen, würde mich als Laien auch nervös machen. Niemandem etwas Böses wollend stehen wir zu viert mit unserem Merchandise hinter einem Vorhang, während unsere Genossen Kai und Lisa mit den Fahnen auf die Bühne geführt werden. Unser Einsatz wäre ein großer Jumper, eine Art überdimensionales Planschbecken. Wir sollten einfach hinterhergehen und unser Zeug zwischen der Bühne und der ersten Reihe ins Publikum werfen. Wir schlossen intern schon Wetten ab, welcher Security es nicht so recht mitbekommen hätte und uns wohl als ersten umboxen würden. Spoiler: wir kamen alle ohne blaues Auge davon. Dann geht's wirklich nach draußen. Es ist schon ein komisches Gefühl, da so vor der Bühne bei „Jippie Jippie Yeah, Krawall und Remmidemmi" zu stehen. Auch vor so einer Menschenanzahl zu stehen, ist nicht gerade einfach. Egal, die Flyer und die Aufkleber müssen unter die Leute. Während meine Mitstreiter fleißig werfen, komme ich gar nicht groß dazu. Die Menschen strecken so die Hand nach mir, oder besser gesagt meinem kostenlosen Mitbringsel aus (Schwaben eben), dass ich gar nicht groß zum Werfen komme. Ich bewege mich eher in meinem vereinbarten Radius und verteile. Ich habe noch nie in knapp drei Minuten so viele „FCK CSU" und „FCK AFD" Aufkleber unter die Leute gebracht, Hurra!

Die Zeit vergeht wie im Flug und schon werde ich als Zeichen des Wiedersehens sanft von den geschmeidigen Armen eines Security wieder ins Backstage gewiesen. Wir warten noch auf unsere Bühnenakrobaten und fallen uns danach glücklich und zufrieden wieder in die Arme. So etwas erlebt man immerhin nicht alle Tage. Mit der Crew im Backstage werden noch Lichtbilder angefertigt, man erfüllt ja gern Fotowünsche von Fans. Draußen wird bei diversen

Tabakerzeugnissen und Gerstensäften nochmal der Abend resümiert. Wir kamen am Gelände an, im Gedanken einen kleinen Tisch im Foyer zu haben, um Aufkleber zu verteilen, wir gingen mit der Tatsache, dass wir auf und vor der Bühne bei einem Deichkind Konzert waren. Beste und weitreichendste Werbung ever. Am nächsten Tag wird sich natürlich höflichst bei der csU und Kurt Gribl für die kostenlose Reichweite bedankt. Wir sind ja artig. Und auch die Klangerzeuger selbst meldeten sich zu Wort.

Ein herzliches Dankeschön auch an euren Oberbürgermeister Kurt Gribl, CSU. Danke, dass Sie Die PARTEI die Plattform gegeben haben, bei uns auf der Bühne zu stehen, indem Sie ihr den Zutritt zum Foyer verboten haben. Viel Spass noch bei der Kommunalwahl und bei der baldigen Rente (Instagram-Seite von Deichkind, 19.02.2020).

Im Laufe der Woche flüchtet sich selbstverständlich die csU in verschiedenen örtlichen Journalismusblättern von einer Ausrede in die andere. Bei dem Vorgang handelte es sich um eine offizielle Regelung und nicht um einen persönlichen Einsatz des Oberbürgermeisters. Das Neutralitätsgebot der Schwabenhalle besage, dass solche „Veranstaltungen" ab sechs Monaten vor einer Wahl nicht zulässig seien. Ich recherchiere. Die Augsburger Frühjahrsausstellung mit Parteiständen, sogar einer von der AfD, war im Januar 2020. Ich zücke meinen Kalender und werde stutzig. Die Kommunalwahl ist im März 2020. Ich habe kein Abitur, denke aber nach reiflicher Überlegung, dass dies unter sechs Monaten liegt. Wieder hat die Stadt eine Erklärung parat. Es handle sich ja um eine Endverbrauchermesse, bei der die Hallenfläche vom Veranstalter an die Aussteller weitervermietet wird. Hm, dass in dem Moment des Konzertes Deichkind selbst der Veranstalter war… ach lassen wir das. Es kam eh mehr raus, als wir erwartet hatten. Und ich dachte nie im Leben, dass ich das nochmal sage: danke CSU! Den folgenden Donnerstag, beim nächsten offiziellen Stammtisch, stellten wir auch erstaunt fest, dass es noch nie so einen großen Andrang gab. Spontan mussten mehr Tische zusammengestellt und der komplette Hinterraum der ehrenwerten Haifischbar für Die PARTEI beansprucht werden. Moment mal, im Hinterzimmer eines Bierkellers in Bayern. Fing so nicht vor knapp einhundert Jahren auch... ach ne, mir fällt kein passender Vergleich ein!

Eines hat die Stadt jedenfalls nicht verhindert: intensive Wahlkampfwerbung – angesichts des Auftritts ihrer Politiker vor tausenden Zuschauern auf dem Konzert und der daraus folgenden Medienberichterstattung (Artikel vom 23.02.2020).

Neuer Samstag, neue Standarbeit. Mittlerweile wird es zur Routine, dem hochgeschätzten Stimmvieh Rede und Antwort zu stehen. Allerdings sollte dieser Samstag kein gewöhnlicher werden. Wie könnte man einen Bühnenauftritt bei Deichkind noch steigern? Eigentlich nur, indem der GröVaz (Für die Laien: Größter Vorsitzender aller Zeiten) Martin Sonneborn sich persönlich die Ehre gibt, in Augsburg zu erscheinen. Gesagt getan. Just an diesem Samstag fand nämlich das so genannte Brecht Fest statt. Ein eher zu Recht unbekanntes Ereignis. Qualitativ hochwertige Veranstaltungen wie eine Riesenradfahrt mit dem OB-Kandidaten der Linken, während er einem Brecht-Texte vorliest, funktionieren jetzt nicht unbedingt als Besuchermagnet. Deutlich attraktiver schon ein Gespräch von Jürgen Kuttner mit Martin Sonneborn. Dass sich unser Parteichef nicht zu schade ist, am Nachmittag schon dem Pöbel in Ruhe mit sämtlichen gewünschten Informationen zu versorgen, zeigt die einberufene Pressekonferenz im Kätchens mit unserer Oberbürgermeisterkönigin Lisa. Dieser durfte neben den lokalen Pressevertretern nur ein kleiner erlauchter Kreis beiwohnen.

UnsAnja, Lisa und der GröVaZ Martin Sonneborn (von links nach rechts) zeigten sich von ihrer Schokoladenseite.

Ich gehörte leider nicht dazu. Irgendjemand muss ja das Stimmvieh am Stand für sich gewinnen. Damit gab ich mich auch zufrieden. Dass die Konferenz ein voller Erfolg war, konnte ich aus dem Medium Internet entnehmen.

Neues von der Stadtzeitung

Nach den Gesprächen war klar – Augsburg ist zu wertvoll, um es den Geschicken einer Regionalpartei zu überlassen. Die bundesweit agierende Partei Die PARTEI und ihre Spitzenkandidatin Lisa McQueen mit ihren hervorragenden Kontakten nach Brüssel, Berlin und in die USA sind das, was Augsburg jetzt braucht. Die Ja-Sager und Kümmerer haben in den vergangenen 12 Jahren Augsburg zu Bayerns ärmster Stadt werden lassen. Oder wie Martin Sonneborn beim Einstieg in den Learjet meint: "Nicht denken. Einfach wählen" (Artikel vom 23.02.2020).

Lustige Mitarbeiter der Stadt Augsburg teilten uns an diesem Samstag die Spaßpartei FDP als Standnachbarn zu. Unsere Wähler waren jedoch so schlau, zwischen Jux- und Klamaukpolitikern, sowie seriösen Vertretern dieser Branche zu unterscheiden. Unser Stand war mal wieder gut besucht. Wir nutzten die Chance und gönnten uns ein Schwätzchen mit dem Oberbürgermeisterkandidaten der Spaßpartei. Grund dafür war vorhanden. Hat er sich doch in einem Video gegen die Mietpreisbremse ausgesprochen, weil es das ja schon bei den Kommunisten und Nazis gegeben hätte. Was für ein gewitztes Argument! Die Nazis haben übrigens auch einen Feiertag eingeführt, den wir immer noch feiern. Sauerei, am besten gleich alle Feiertage abschaffen, denn die sind somit alle historisch belastet, schlage ich vor. Böse Zungen behaupten auch, dass der Lech zwischen 1933 und 1945 durch Deutschland floss. Sofort trockenlegen, dieses diabolische Gewässer! Der gute

Mann geht damit aber nicht konform und erklärt mir, dass ich, und auch der Rest der Zuschauer, ihn ja nur falsch verstanden hätte. Er wollte nur mitteilen, dass eine Mietpreisbremse nichts bringe. Gut, hätte man ja auch so sagen können, aber eine Spaßpartei wäre eben keine Spaßpartei, wenn man nicht ein aus der Luft gegriffenes Nazi-Argument noch aus dem Ärmel zaubert. Oberbürgermeister wurde der Mann übrigens nicht. Komisch.

Geschlossen marschieren wir abends als Kreisverband natürlich zu besagtem Fest. Uns interessiert ja nur eine Veranstaltung, trotzdem haben wir uns ein Tagesticket gegönnt. Unsere Sorge war zu Beginn groß. Immerhin war der „Saal" für das Sonneborn-Gespräch nur für 60 Personen ausgelegt. Platz freihalten wurde ausgehandelt, Haushypotheken und Erbschaften dafür aufs Spiel gesetzt. Dem Druck der PARTEI gaben die Veranstalter schließlich nach und verlegten die Audienz in eine für 250 Menschen bestuhlte Halle. Sichtlich nervös, dem bevorstehenden Treffen mit dem Chef geschuldet, besuchten wir des Öfteren die örtlichen sanitären Anlagen. Und während ich nichtsahnend am Pissoire meiner Miktion nachging, stand auf einmal Martin Sonneborn himself links neben mir beim Wasserlassen. Welche ein Augenblick! Spontan grüßte ich natürlich ehrfürchtig kopfnickend mit einem „Chef". „Cooler Anzug" entgegnete mir mein GröVaZ. Dank sei den Schneidereimeistern vom C&A!

Das folgende Bühnengespräch war vom Großmeister der Politik gewohnt gekonnt geführt. Viel erwähnenswerter war die Tatsache, was sich zu Beginn abspielte. Selbstredend waren die Parteianer schon weit vor Veranstaltungsbeginn im Saal, um sich die besten Plätze zu sichern. Wenn der Chef schon einmal in die Provinz kommt! Und so war die komplette erste Reihe in feinstem Grau besetzt. Sonneborn weiß natürlich, wie er uns kitzeln kann und spielte zu Beginn erst einmal die ehrenhafte Partei-Hymne ab. Ebenso wie bei der MDMA im Januar erhob sich, im vollen Bewusstsein des historischen Augenblicks, die komplette erste Reihe, um textsicher das Lied der PARTEI mitzusingen. Welch ein Anblick und welch engelsgleiche Stimmen durch die Hallen erklangen, kann vom Leser an dieser Stelle nur erahnt werden.

Oben: Strammstehen mit dem PARTEI-Chef.
Unten: Strammstehen für den PARTEI-Chef.

Nach dem amüsanten Gespräch präsentierte uns unser GröVaZ noch seine Nähe zum einfachen Volk, indem er für kurze Unterredungen, sowie Foto und Autogrammwünsche, uns, dem der Ehre nicht würdigen Plebs, zu Verfügung stand. Auch ich konnte es mir als überzeugter Fanboy nicht nehmen lassen, und reihte mich in die Schlange der treuen Anhänger ein. Nachdem das von mir erstelle Wahlplakat für die Europawahl 2019 schon unterzeichnet wurde, reichte ich dem Chef spontan ein mitgebrachtes Wahlprogramm zum Unterzeichnen. Ohne zu murren wurde mein Wunsch erfüllt. Nach einem kleinen Smalltalk über die politische Lage in der Ansammlung von Häusern, die einst jemand Augsburg nannte, sicherte ich mir ebenso noch ein Lichtbild. Danke hierfür nochmals an Genossen Kim für die Momentfesthaltung. Die komplette Woche war überaus gelungen. Und mittlerweile ist auch der letzte Zweifler innerhalb des Kreisverbandes überzeugt: vor der Kommunalwahl brauchen wir keine Angst mehr zu haben.

Ehrfurchtsvolle Momentaufnahme mit dem GröVaZ. Wenn der Fotograf sagt: „Zeigt mal auf den cooleren von euch beiden!"

Das Gespräch mit Sonneborn, sowie die letzten sieben Tage im Allgemeinen, fassten auch die örtlichen Nachrichtenmedien bestens zusammen:

Neues von der Augsburger Allgemeine

Und wenn der Gast [Martin Sonneborn] schon zu Beginn und zum Abschluss witzeln kann, nein, dies sei keine Wahlkampfveranstaltung, so war es freilich im Grunde eben das. Die größte Woche für Die PARTEI in Augsburg ihrer Geschichte (Artikel vom 23.02.2020).

„Ich hab euch immer schon gewählt" (24.02.2020 bis 01.03.2020)

Die letzte Februarwoche ist angebrochen. Diesmal ereilt uns ein Hilferuf aus Isar-Preußen (unredlich: München). Am Rosenmontag 2020 jährt sich zum einhundertsten Mal die Umbenennung der Deutschen Arbeiterpartei in Nationalsozialistische Deutsche Arbeiterpartei. Aus unseren Büchern im Geschichtsunterricht, die alle Schüler, außer mir Streber, nie aufgeschlagen haben, wissen wir, dass es sich um die NSDAP dreht. Eieiei, da muss man doch irgendwas machen. Abgesehen davon, dass wir von der sehr guten Partei Die PARTEI nicht denken, dass dieser „Jahrestag" den Nazis bewusst ist, sorgen wir trotzdem vor. Der sehr gute Kreisverband Isar-Preußen hat vorgeplant. Mit der Veranstaltung „Fasching statt Faschos" wurden kurzerhand vor allen historisch belasteten Gebäuden aus der Nazizeit Mahnwachen angemeldet. Einfach schon um diverse Aufmärsche zu verhindern, da wir bei der Polizei beliebter sind und somit Geleitschutz erhalten würden. Ätsch! Aus beiden Teilen unseres Landes, also aus der Zone und Westdeutschland, meldeten sich tapfere Recken an, um mit schicken „Nazis töten." Schildern die Mahnwachen durchzuführen. Ich hatte das Vergnügen mit Genossen aus dem Kreisverband Leipzig (irgendwo in der Ostzone) die Wache durchzuführen. Immer wieder herrlich anzusehen wie Passanten die „Nazis töten." Schilder zu einer Aufforderung zum Mord interpretierten. Mir wurden Vögel gezeigt, Schimpfwörter an den Kopf geworfen und noch andere diverse Gesten entgegengehalten. Dabei ist das doch keine Aufforderung, sondern eine Tatsache. Wie etwa „Hunde bellen", „Katzen miauen" oder „Vöglein zwitschern". Naja,

Deutsch ist schon eine verdammt schwere Sprache und so ein Punkt sieht dem Ausrufezeichen doch einfach zu verlockend ähnlich.

Der „GRAUE BLOCK" marschierte mit feinen Schildern koordiniert in Reih und Glied durch Isar-Preußen, Verzeihung, München.

Absolutes Highlight an dem Tag: Der ebenfalls sehr gute Generalsekretär von Die PARTEI und Cheflayouter des Titanic-Magazins, Thomas Hintner (nachdem selbstredend unsere Jugendbewegung, die Hintnerjugend, benannt ist) gab sich die Ehre und war in Isar-Preußen anwesend. Große Namen locken eben die Massen an, das war schon immer so. Die einmalige Gelegenheit sofort erkennend, zögerten wir keine Sekunde und baten die Eminenz um eine Lichtbildmomentaufnahme mit sämtlichen umstehenden Kreisverandsgenossen. Pöbelnah und freundlich posierte das hohe PARTEI-Tier mit uns unwürdigen Individuen sowie unseren schicken Plakaten. Innerhalb von nur drei Tagen habe ich Martin Sonneborn und Thomas Hintner für ein Foto getroffen. Bestes Leben!

*Von links nach rechts: Genosse Lucas, Genosse André,
meine Wenigkeit und der ehrenwerte Thomas Hintner.*

Der Demo-Zug war natürlich auch ein voller Erfolg. Im Gegensatz zu anderen Schwurbler-Demos, in welchen nur leere Phrasen gedroschen werden, zogen wir durch Isar-Preußen und machten unseren Standpunkt deutlich. „Bier trinkt das Volk", „Irgendwas", „montags frei für die Polizei", „Anwohner nerven", „Wir sind hier, wir sind laut, weil ihr heimlich UFO's baut", „nur bei Grün, den Kindern ein Vorbild" waren nur einige unserer Sprechchöre. Nach getaner Arbeit fuhren wir heiser und zufrieden wieder nach Hause.

Nun war es für uns aber auch endlich mal an der Zeit, den unansehnlichen Schilderwald, der einst Augsburg gewesen sein musste, zu verschönern. Unsere Plakate waren endlich da, hurra! Abweichend von den anderen „Parteien" setzten wir nicht auf Plastik, sondern ganz klassisch auf beklebte Hartfaserplatten. Anders als die Grünen, die sich immer noch „Klimaschutz – Das Original" auf ihre Plastikplakate pappen, setzt Die PARTEI wirklich auf Nachhaltigkeit, hurra! Und so eine Hartfaserplatte macht sich doch viel schöner in einer WG an der Wand. Nur so am Rande. Die Motive lasse ich einfach mal selbsterklärend. Nur so viel sei gesagt: Sie sind alle wunderschön! Und anstatt dämlich grinsend mit einem nichtssagenden Spruch uns ablichten zu lassen, ließen wir einfach die Fakten für uns sprechen.

Eines hübscher und aussagekräftiger als das andere: die sehr guten Plakate, die schon bald ganz Augsburg verschönern sollten.

Doch von alleine wandern die Plakate nicht auf die Hartfaserplatten drauf. Kleben ist also angesagt. Unser Ehrenmann E(h)rich stellte dafür wieder seinen sehr guten Keller zur Verfügung. Voller Tatendrang und mit ordentlich Tagesfreizeit versehen, fand ich mich also in dem Tiefgeschoss ein. Nach einer kurzen Unterredung ging es auch schon los mit der Kleisterei. Diese stellte für mich natürlich keinen

Aufwand dar. Stundenlang dieselbe Handbewegung, damit hatte ich schon als Teenager keine Probleme. Nach ein paar Stunden war das Werk dann auch vollbracht. Es war herrlich anzusehen. Nach circa zwei Tagen Trockenphase konnten wir die Plakate dann auch fachmännisch in Augsburg verteilen. Mein Wohnbereich, das Bismarckviertel, wurde von mir wahrlich verschönert. Ich war stolz wie Bolle.

Ende der Woche gab es selbstverständlich wieder Standarbeit, bei der einiges an verwirrtem Stimmvieh überzeugt wurde. Ich staunte an dem Tag auch nicht schlecht, als auf einmal ein Pizzabote neben mir am Infostand auftauchte. „Sagt Ihnen Hotter irgendwas" entgegnete er mir. Sapperlott, hat uns der sehr gute Genosse Lucas einfach aus dem FC Augsburg Stadion heraus, während einem Bundesligaspiel, drei bereits bezahlte Pizzen bestellt (ich versicherte mich natürlich vorher ob eine Entlohnung schon stattfand). Unsere hungrigen Mäuler waren dankbar. Ob es sowas bei anderen „Parteien" auch gibt, wage ich zu bezweifeln. Geldausgeben für das Wohl anderer? Wo kommen wir denn da hin? Selbstredend mussten wir uns zum vorherigen Mal natürlich, was Aktionen angeht, wieder steigern. Kurzerhand wurde beschlossen die Sänftenaktion zu wiederholen. Diesmal jedoch bei Nacht. Doch wie sollte der Plebs die Oberbürgermeisterkönigin Lisa im Dunkeln betrachten können? Idee! Natürlich mit LED's. Danke hierfür an den sehr guten Parteigenossen Kim für das Bereitstellen. Kurzerhand wurden die Lichter an der Sänfte montiert. Die Hornhaut, die sich mir mittlerweile an der Schulter gebildet hat, (und auch die Tatsache, dass wir die Schulterpolster mit der doppelten Menge verstärkt haben) macht das Tragen unserer Lisa diesmal ein bisschen erträglicher.

Zur Freude aller gab sich auch das ehrenwerte Herrengedeck Royal mal wieder die Ehre, um am Umzug durch die Innenstadt teilzunehmen. Ehrfürchtig versammelten wir uns nach getaner Arbeit wieder am Ausgangspunkt, hissten unsere Fahnen und sangen das Lied der PARTEI. Dass dies nicht ungehört blieb, zeigte uns ein überzeugter Wähler. Kurzerhand lief er ins Bild, während unsere engelsgleiche Gesangseinlage gefilmt wurde. Ein, mit Sicherheit nicht dem Konsum von alkoholischen Getränken geschuldetes, inbrünstiges „Die PARTEI! Ich hab euch schon immer gewählt" folgte sogleich. Gott sei Dank wurde dieser Moment von unserem Kameramann Tobi festgehalten. Der März kann nun sorgenfrei kommen!

Wahrlich eine Ansammlung an Ehrenleuten: die Genossen, Stimmvieh und das Herrengedeck Royal.

„Die PARTEI, die Unwählbaren"
(02.03.2020 bis 08.03.2020)

Der März begann erstaunlich ereignislos. Ja fast schon langweilig. Zum Glück meldete sich unser guter Kumpel Diggi-Siggi mal wieder mit geballter Ladung Ahnungslosigkeit zu Wort und versüßte uns die Woche mit ein bisschen was zum Lachen, indem er uns in die Kategorie der „Unwählbaren" einordnete. Was hat dieser Mann die letzten Wochen gemacht? Hat er nicht mitbekommen, dass wir die Unterschriften alle zusammenbekommen haben und sehr wohl wählbar auf der Liste stehen? Naja, wer einen Meinungsblog betreibt, kann ja auch nicht alles mitbekommen.

Wer sich also der Politik zuwendet, ohne Gemeinwohl-Forderungen zu formulieren, ohne etwas zu wollen, sollte lieber bei Die PARTEI ein Kreuz machen, bevor er aus weltabgewandter Ahnungslosigkeit der AfD seine Stimme gibt (DAZ-Artikel vom 07.03.2020).

In unseren Messenger-Gruppen wurde sich köstlich amüsiert über unseren mittlerweile größten Fan. Siggi, der alte, weiße Mann, der zumindest soweit modern ist, zu wissen wie man einigermaßen „erfolgreich" einen Internetblog betreibt. Er schließt von Satire automatisch auf Unfähigkeit zum Diskurs und Arbeit. Immerhin haben ein paar Wähler dann doch gemerkt, dass wir ja tatsächlich auf dem Zettel stehen und somit wählbar sind. Haben auch einige getan, hurra!

Vorschnelles Handeln kann oft wunderbare Situationen zerstören. So geschehen bei mir an der Wohnungstür. Man muss schon sehr verzweifelt nach Stimmen geiern, wenn man als Oberbürgermeisterkandidat Häuserwahlkampf betreibt und die Leute an der Haustür rausklingelt um seine Flyer zu verteilen. Von allen Häusern, in die sie sich in Augsburg hätte verirren können, tat die OB-Kandidatin der Grünen, Martina Wild, es ausgerechnet in meins. Nichtsahnend saß ich in dieser Woche abends in meinem Zimmer, als ich die Wohnungsklingel hörte. Vertieft in meine PARTEI-Arbeit ignorierte ich gekonnt die Klingel und ließ einen meiner Mitbewohner die Tür öffnen. Ich traute meinen Ohren nicht, als ich „Hallo, ich bin Martina Wild, die Oberbürgermeisterkandidatin von den Grünen" hörte. In mir schrillten sofort sämtliche Alarmglocken. Ich stürzte mich sofort an mein Regal mit den PARTEI-Artikeln. Freundlich wie ich bin, wollte ich der guten Frau sämtliche PARTEI-Goodies überreichen. Auf eine inhaltsvolle und lustige Diskussion freute ich mich innerlich schon richtig. Mit einem ganzen Batzen Flyern, Aufklebern und Karten stürzte ich förmlich in den Gang. Doch meine Enttäuschung war groß. Die Abordnung der Grünen war schon weg. Verdenken kann man es meinen Mitbewohnern nicht, dass sie diese unangenehme Situation an der Tür wohl schnell beenden wollten. Hab ich wohl zu viel Material zusammengesucht. Und hinterherlaufen wollte ich sicher auch nicht. Pech gehabt. Die Frau hätte so viel kostenloses PARTEI-Material bekommen können. Wer weiß, vielleicht hätte es sie ja auf den richtigen Pfad geführt, z.B. nicht ungefragt bei Leuten klingeln und für die Grünen werben. Manchmal entscheiden einfach nur ein paar Sekunden über den weiteren Lebenslauf.

Selbstredend stand auch wieder Standarbeit am Wochenende an. Zu unserer großen Überraschung sahen wir am Morgen, dass wir diesmal am Königsplatz unseren Stand direkt neben der verfickten AfD hatten. Mitsamt einer nicht geringen Anzahl an Gegendemonstranten und Polizeiaufgebot. Das verspricht ja lustig zu werden. Unsere „FCK AFD" Aufkleber waren wie durch Zufall als Erstes vergriffen. Und auch sonstiges Merchandise ging an dem Tag weg wie warme Semmeln. Es musste sogar Nachschub geholt werden, was aber natürlich bei unseren Vorräten kein Problem darstellte. Könnte ich mich dran gewöhnen. Mitgliedsanträge wurden mir an diesem Tag förmlich aus der Hand gerissen, oder an Ort und Stelle gleich ausgefüllt. Wem geht da nicht das Herz auf? Leider hielten es die Alternativen nicht so lange auf dem Platz aus wie wir und verschwanden schon zur Mittagszeit. Es war herrlich mitanzusehen, wie die Menschen entweder einen großen Bogen um deren Stand machten, oder sich auf eine Diskussion mit ihnen einließen. Als die AfD'ler den Platz verließen, traute sich sogar eine magere Gestalt aus dem braunen Dunstkreis heraus. Ein älterer Herr, dem ich jetzt mal unterstelle, dass sein Elektrorasierer den Geist aufgab, und er deshalb einen Hitler-Gedächtnisbart trug, entgegnete uns nur, dass wir dumm seien. Bevor wir zu einer Antwort ausholen konnten, radelte er auch schon grinsend davon. Ein perfektes Beispiel wie Rechtsextremisten Debatten gewinnen: „Boah denen hab ich es aber jetzt gezeigt. Und wenn ich sie nicht mehr höre, dann sagen sie auch nichts mehr." Exzellente politische Debattenführung. Kleine Anmerkung am Rande: AfD'ler, die sich mal ein paar Sekunden mehr Zeit nehmen, haben bei so Diskussionen entweder die immer gleichen Sprüche, oder kommen schnell in Erklärungsnot. Oder sie bringen tolle Forderungen wie z.B., dass die Tram keine eigene Spur haben sollte, weil das die Autofahrer störe, oder wer in Augsburg wohnt, aber nicht in Augsburg arbeitet, solle vom Gesetz her höhere Mieten zahlen. Uff, mir schmerzt der Kopf. Satire bitte den Profis überlassen.

Eine besondere Ehre wurde mir an diesem Tag auch noch zu Teil. Die OB-Kandidatin der csU, Eva Weber, von uns aufgrund ihrer Gummibärchen nun liebevoll Webärchen genannt, wurde in ihrem Podcast, „Die Webatte" (meine Fresse...), zu unserer Partei befragt. Sie überschüttete uns natürlich mit Lob:

Neues von Eva Weber

Ist witzig der richtige Weg um Kommunalpolitik zu machen? Weiß ich nicht! Also ich finde, dass wir eigentlich so viele Themen in dieser Stadt haben, die weder mit Satire, noch mit Witz, noch mit Humor gelöst werden. Ich glaube, dass genau aus solchen Dingen auch Politikverdrossenheit, ähm, kommt (gesagt im Podcast „Die Webatte").

112

Soso, interessant. Wir sind also daran schuld. Nicht etwa die großen Altparteien in ihren Elfenbeintürmen, in denen für mehrere hunderttausend Euro ganz tolle Slogans, wie „Sag Ja zu Augsburg" entwickelt werden. Oder die Anmaßung von csU-Kandidaten, sich öffentlich als „Obama Augsburgs" zu bezeichnen? Uff! Das einzige was man diesem übrigens zu Gute halten konnte, ist, dass bei seinen verteilten Chico-Bärchen, ganze fünf Gummibärchen pro Plastikverpackung drin waren. Bei den Webärchen waren es nur vier. Ein bisschen deprimierend auch das vor Ort am „Chicostand" angetroffene Wählerklientel. Zwei ältere Damen - ich schätze die erstmalige Rentenüberweisung vom Staat liegt auch schon ein paar Jahre zurück - wünschten dem csU-Mann viel Glück für die Wahl. Ich gönne den beiden Seniorinnen noch ein langes Leben, damit sie auch noch die Auswirkungen ihrer Stimme mitkriegen. Dennoch ein Symbolbild. Junge, turbopolitischere Wähler findet man halt eher bei Die PARTEI.

Die „Weberatung" (dümmliche Wortspiele können wir auch) konnten wir natürlich nicht so auf uns sitzen lassen. Über Nacht wurde ein Antworttext verfasst. Doch reicht Textform dafür wirklich aus? Eigentlich nicht. Ein Video musste her. Spontan wurde an Ort und Stelle noch eine Bewegbildproduktion in Farbe gedreht. Wir sind da halt einfach effizient. An dieser Stelle mal Klartext:

Welche Politikverdrossenheit? Vor allem die Jugend war schon lange nicht mehr so politisch aktiv wie heutzutage! Es ist die Jugend, die gegen die AfD rebelliert, die Fridays for Future ins Leben gerufen hat, zu Tausenden gegen den Artikel 13 von Dr. Axel Fotz demonstriert hat. Die Wahlbeteiligung in Augsburg ist auf einen historischen Tiefpunkt von 41% gesunken. Ohne, dass die „Spaßpartei" Die PAR-

TEI überhaupt angetreten ist. Obwohl, vielleicht sogar deshalb. Aber uns die Schuld geben ist schon verdammt einfach. Die PARTEI hat aktuell über 50.000 Mitglieder mit einem Durchschnittsalter in Bayern von knapp über dreißig Jahren. Andere „Parteien" können davon nur träumen. Wer das Aufstellen von Klimawissenschaftlern anstatt korrupten Politikern, das Aufdecken von Missständen und das konsequente Fordern von Menschenrechten als reine „Spaßsatire" abstempelt, der hat einfach den Schuss nicht gehört. Wir, also Die PARTEI, sind nicht politikverdrossen, und führen auch nicht zu dieser. Die Großen sind es, weil immer wieder die gleichen Gestalten immer wieder die gleichen Phrasen dreschen. Wem als einziges einfällt „ist ja nur ne Spaßpartei", der hat keine weiteren Argumente mehr. Case closed! Musste mal gesagt werden!

Politikverdrossener Spitzenpolitiker.

Am Abend kehrten wir dann zufrieden ins Kätchens ein, wo wir uns selber und das zukünftige beste Wahlergebnis der Partei Die PARTEI in Augsburg seit Kriegsende begossen. Hierzu initiierten wir eigens ein kleines Starkbierfest. Partei-like stellten wir also ein paar Kasten Bockbier kalt und ließen es uns gut gehen. Mal wieder wurden Biere getrunken, Lieder gesungen, Babies gestreichelt und Augen geküsst. Herrlich!

„In einem Kellerloch im Bismarckviertel"
(09.03.2020 bis 15.03.2020)

Die nächste Woche plätscherte zu Beginn so dahin. Das war es wohl, was man die Ruhe vor dem (Wahl-) Sturm nennt. Auch wir besannen uns auf unseren letzten großen Auftritt vor dem besten Wahlergebnis. Die entscheidende Frage war nicht mehr, wie viele Stimmen wir bekommen würden, sondern wie wir den Bollerwagen und die Sänfte noch toppen könnten? Ursprünglich war eine Art römischer Streitwagen angedacht, indem wir unsere Queen Lisa winkend durch die Straßen, dem Pöbel zur Schau stellend, gezogen hätten. Doch auf einem der Stammtische ließ unser Ehrenmann E(h)rich seine nächste große Idee vom Stapel: „Ich baue einen Panzer".

Absolut perfekte Idee! In Zeiten, in denen in der selbsternannten Friedensstadt Augsburg immer noch Firmen residieren, die Panzergetriebe herstellen, sollten diese ja auch mal rollen dürfen. Die Älteren unter uns werden sich sicher noch an die herrlichen Zeiten erinnern, in denen Panzer durch Augsburg fuhren. Anfangs belächelten wir noch die Idee, aber als ich erneut einen Blick in die ehrenwerte Werkstatt unseres Schaffers warf, staune ich wieder mal Bauklötze. Er zieht es wirklich wieder durch. Das Grobgerüst des Panzers war schon ziemlich beeindruckend. Wie schafft es der Mann, sich nur jede Woche wieder selber zu übertreffen? Und wohlgemerkt alleine so eine Konstruktion neben dem Beruf auf die Beine zu stellen? Alle Ehre geht raus.

Da sich Augsburg wie erwähnt vor ein paar hundert Jahren einmal selbst den Titel „Friedensstadt" gab, unternahmen wir natürlich auch alles, um diesem Ruf gerecht zu werden. Der Panzer sollte ein Friedenspanzer werden. Passend, da auch die Rechtfertigung sämtlicher Kriegsmaschinerie heutzutage für Friedenszwecke, oder eben zum Erhalt diesem, als Ausrede herhalten muss. Ein prominenter lokaler Augsburger Künstler wurde kostenlos engagiert, um den Panzer, anstatt in aggressiven Grüntönen, in sanfte rötliche Farben, inklusive Herzchen, anzustreichen. Weiße Friedenstauben wurden angebracht, und Sapperlott, sogar an Bierhalter hat unser Ehrenmann E(h)rich gedacht. Mittels einer kleinen Leiter konnte Lisa, oder wen sie auch sonst noch für würdig befand, auf die Spitze des Panzers steigen und dort entweder stehend oder sitzend dem einfachen Stimmvieh zuwinken. Ich wiederhole mich, aber die Konstruktion war einfach beeindruckend. Auch blieb sie nicht unentdeckt. Ein journalistischer Maulwurf spionierte anscheinend sämtliche Keller in Augsburg aus und erspähte unsere Konstruktion, die samt Foto auf Facebook geleaked wurde:

Unser Reporter hat in einem Kellerloch im Bismarckviertel die Geheimwaffe entdeckt, mit der Die PARTEI morgen dem Wahlkampf die entscheidende Wende geben will: Der Friedenspanzer! Geht wählen! (Facebookpost vom 13.03.2020)

Nach einer finalen Standarbeit, bei der wir ein weiteres Mal mit zahlreichen „Ich werde euch wählen" bestätigt wurden (leider war die AfD diesmal woanders, wäre mit dem Panzer irgendwie spaßig geworden), rückten wir mit unserem Friedenspanzer und dem sehr guten Bollerwagen in großer Anzahl in die Innenstadt vor. Natürlich war der Zug wieder ein voller Erfolg, die Leuten machten Lichtbildaufnahmen, Ehre wurde der Queen gezollt, Hände wurden geküsst und Wahlprogramme verteilt. Verwirrten Blicken entgegneten wir mit unserem Megafon mit dem abgespielten Spruch „Leute lasst das glotzen sein, wählt Die PARTEI ins Rathaus rein". Kurzer Spoiler vorneweg: Taten sie auch, danke! Ich ließ es mir an dem Tag nicht nehmen, unserer Queen eine Ehrerbietung darzulegen, indem auch ich ihre Hand küsste. Also ich meine nicht etwa die Queen von England, die sich irgendwo hinterm Meer versteckt, sondern unsere Lisa, die noch bürgernah sich unter den Plebs mischt. Zum Glück wurde dieser Moment festgehalten.

Jeder Handkuss bleibt hoffentlich nach der Machtübernahme noch im Gedächtnis.

Unter der Woche ging dann noch ein letztes Wahlvideo von der „Konkurrenz" online, namentlich vom OB-Kandidaten der lolSPD, Dirk Wurm. Das knapp 30-sekündige

Wahlvideo war inhaltlich so hochwertig, dass wir uns genötigt sahen, ebenfalls eine finale Wahlwerbung hochzuladen, um den Kollegen zu zeigen, wie man es auch machen könnte: nämlich richtig. Genau wie das Video der lolSPD war es im Grunde eigentlich unnötig. Bei den Sozis, weil sowieso jeder Hilferuf schon zu spät war, und bei uns, weil wir ja im Grunde eh schon wussten, dass wir die Wahlsieger der Herzen werden würden. Laut Video sollte man nicht denken, sondern uns einfach wählen, weil wir sehr schön auf große Gebäude zeigen können, schön winkend über den Stadtmarkt laufen, die Jugend ernst nehmen, wissen wie man richtig plakatiert, die mit Abstand schönsten Wahlplakate haben, nicht um Stimmen betteln müssen, für irgendwas mit Klima, Kultur und kostenlos stehen und einfach alles schlimm finden. Doch am wichtigsten ist: * politische 0815 Phrase hier einfügen *!

Ein gutes halbes Jahr war nun vergangen, seit wir im September 2019 verkatert nach dem zweiten Frühstücksbier unsere Aufstellungsversammlung für die Kommunalwahl abgehalten haben. Die Unterschriften wurden, entgegen aller Erwartungen, sogar mit Abstand die meisten, eingefahren und der Wahlkampf souverän vollzogen. Mehr konnten wir nicht tun. Ein letztes Gruppenbild, auf dem wir noch „stadtratlos" waren, wurde angefertigt und die letzten Monate am Abend mit einigen Kaltgetränken resümiert. Vergleicht man die Laune und die Auftritte aller Parteien, so kann ich mit Fug und Recht behaupten, dass wir wohl mit Abstand all die Wochen am meisten Spaß hatten. Kein Wunder! Unsere Wähler haben uns noch nie enttäuscht, und nach so vielen positiven Rücksprachen an den Infoständen und auf den Touren wussten wir, dass wir einen Sitz erlangen würden. Nervös waren wir am Vorabend aber dann doch ein bisschen. Soviel Machtzuwachs innerhalb so kurzer Zeit bekommt man schließlich selten.

Aufgrund des bevorstehenden besten Kommunalwahlergebnis seit Kriegsende bestens gelaunt: die Genossen vor dem PARTEI-Panzer.

Endlich war der große Tag der Wahl gekommen, der 15. März 2020. Mit großer Zuversicht machte ich mich am Vormittag auf in Richtung Wahllokal. In meinem Fall eine wunderschöne Grundschule im Charme der Nachkriegsarchitektur, oder halt noch davor. Ich bin mir da nicht so sicher. Geht auf jeden Fall schöner, ist aber praktischerweise fast ums Eck. Auf meinem Weg zum Entscheidungsort kommen mir vorm und im Gebäude vereinzelt Letztwähler entgegen. Ich gönne ihnen, vielleicht ein paar auch zum letzten Mal, die Chance eine Politik, die sie nicht mehr erleben werden, mitbestimmen zu können. Man soll sich ja auch mal für andere freuen dürfen. Gekonnt schlenderte ich durch die muffigen Gänge und fand mich im Wahlzimmer wieder. Nachdem es mir sichtlich Freude bereitet hat, mich selber auf einem Wahlzettel zu sehen (wer hätte das jemals ahnen können), machte ich natürlich mein Kreuz an der richtigen

120

Stelle. Selbstverständlich respektiere ich das Wahlgeheimnis und verrate nicht, für welche sehr gute Partei ich mich entschieden habe. Eine Briefwahl wäre anhand des Wahlzettels, der lustigerweise ausgefaltet nicht auf dem Tisch in der Kabine Platz hatte, zwar einfacher gewesen, aber ich schätze doch irgendwie das Ritual, direkt vor Ort zu wählen. Es hat irgendwie was. Jetzt heißt es warten.

Nachdem wir im Mai 2019 schon mit starken drei Mann am Abend der Europawahl die ersten Hochrechnungen live im Augsburger Rathaus verfolgt hatten, entschlossen wir uns dies natürlich auch zur Kommunalwahl 2020 zu wiederholen. Man kommt schnell auf den Geschmack die einzige jubelnde Partei beim Anzeigen der ersten Zahlen zu sein. Wir meldeten circa zehn tapfere Recken an, die frohe Kunde der ersten Hochrechnung live entgegenzunehmen. Der Rest sollte in der ehrenwerten Haifischbar warten, wo dann an Ort und Stelle der Erfolg begossen werden sollte. Auf einen warmgehaltenen Sitz legten wir in diesen kalten Tagen besonders wert! Nachdem ich am Eingang des Saales fast bis auf die Unterhose gefilzt wurde (Anmerkung des Autors: Man hat nichts Verdächtiges gefunden), durfte ich endlich eintreten. Meine Augen schlenderten so durch den Saal und erblickten die üblichen Begebenheiten an so einem Wahlabend. Da war die Wasser- und Saftbar, an der es mal wieder keinen Alkohol gab, einige Fernseher und zahlreiche anzugtragende Politiker, oder die die es gerne werden wollen würden. OB-Spitzenkandidaten, außer unserer Queen natürlich, habe ich zum Großteil vergebens gesucht. Wahrscheinlich wussten sie schon über das kommende Debakel Bescheid. Kleinst- und Spaßparteien zählen hier selbstverständlich nicht.

Es fanden sich beim Smalltalk allerhand seltsame Konstellationen zusammen. Zum Leidwesen der Menschheit war auch die AfD, dem Herrgott sei Dank nur mit einer geringen Anzahl, anwesend. Eine Person femininen Geschlechts von den radikalen Veganern – ich tue der Frau einen Gefallen und zerstöre nicht ihren Ruf durch Namensnennung – gesellte sich zu den, überraschenderweise nicht in braun gekleideten, Rechten und plauderte nicht gerade kurz mit ihnen. Der Begriff des „Vegan-Nazi" bekam plötzlich eine ganz neue Bedeutung. Dem braunen Dunst entrinnend, zogen wir geschlossen ein paar Stehtische weiter, immerhin kamen bald die ersten Zahlen der Oberbürgermeisterwahl rein.

Während andere „Parteien" unter Hochspannung auf die Bildschirme schauten, konnten wir es uns erlauben locker zu bleiben. Hat sich auch nicht geändert, als die ersten Zahlen kamen. Starke 2,0 Prozent für unsere Lisa. Und damit sechs „Konkurrenten" in der OB-Wahl mal so mir nichts dir nichts hinter sich gelassen. Unser Jubel war grenzenlos, der Neid der anderen Parteien spürbar. Schaffte es doch niemand der Kandidaten über 19% zu kommen, außer unserem Webärchen von der csU. Und selbst diese konnte mit ihrem sechsstelligen Wahlkampfbudget nicht die absolute Mehrheit erringen und musste mit unserem Edelfan Dirk Wurm von der lolSPD in die Stichwahl. „Sag Ja zu Augsburg" hat es voll gerissen! Wohl eher der Spruch „Sag Nein zu Ja-Sagern". Ich wiederhole mich: Ich hätte diese Kampagne für die Hälfte des Preises gemacht. Bin schon fast unverschämt billig.

Ich verspüre Druck auf meiner linken Schulter. Mein Nachbar aus dem gleichen Haus und OB-Kandidat der Spaßpartei FDP klopft mir auf besagte. Verständlicherweise war er aufgrund seiner nur mit 1,3% eingefahrenen Stimmen enttäuscht. Politik mit Spaß und Jux zahlt sich halt doch nicht immer aus. Anerkennend nimmt er unseren

Wahlsieg der Herzen zur Kenntnis und bittet: „Ich muss bei euch das nächste Mal Nachhilfe nehmen wie man Prozente holt." Einen goldenen Tipp hatte ich für ihn sofort parat: Nicht in der Spaßpartei FDP sein! Aber im Ernst, ich überlege wirklich Propagandatrainer zu werden. Wie vorhin beschrieben, ich bin wirklich fast schon sträflich billig. Abgesehen von seiner parteilichen Zugehörigkeit war der gute Herr aber immer ein feiner Kerl und für jeden kann das Licht der Partei Die PARTEI ja immer noch aufgehen.

Keine paar Minuten nach dieser amüsanten Unterhaltung verfluche ich die Nachkriegsgeneration. Warum? Aus dem Eingangsbereich blitzen die Fotoapparaturen der örtlichen Lokaljournalisten und treuen csU Social-Media-Manager auf, gefolgt von Klatschen und Applaus. Das schön winkende Webärchen, OB-Kandidatin der csU, betrat samt Anhang, also dem buchstäblichen Stimmvieh auf den Listenplätzen hinter ihr, den Saal. Es sind genau diese Momente, in denen ich mir wünsche, die Generation nach dem Weltkrieg hätte das Rathaus nicht wiederaufgebaut. Denn dann gäbe es noch die Löcher, die die Alliierten hinterlassen haben. In eins davon wäre ich gerne aus lauter Scham verschwunden. Aber was will man machen?

Nachdem die Auszählung der einzelnen Stadtteile anscheinend so schnell vorangeht, wie ein Russlandfeldzug im Winter, entschieden wir uns, in die Haifischbar zu den Parteigenossen zu gehen. Nüchterner als nüchtern kann man ja auch nicht werden. Und mit konkreten Zahlen war eh nicht mehr zu rechnen. Mit den ersten Hochrechnungen konnten wir zufrieden sein. Mit ein paar Kaltgetränken konnten wir den bisherigen Wahlk(r)ampf resümieren und uns zurücklehnend die nächsten Tage auf das Gesamtergebnis freuen.

„Mit viel weniger Kohle"
(16.03.2020 bis 22.03.2020)

Die Mühlen in diversen Behörden mahlen ja bekanntlich ab und zu ein bisschen gemütlicher als anderswo. Daher dauerte es noch drei weitere Tage, bis endlich alle Stadtteile, Bezirke etc. ausgezählt waren. Die Zeit bis dahin lief eigentlich immer gleich ab: wir saßen alle vor den Internetseiten der Stadt und luden immer wieder die Webseiten neu, um zu sehen wo wir standen. Es war im Grunde schon ein komisches Gefühl, dass die Wahl nach all der Zeit, in der man auf sie hingearbeitet hatte, plötzlich vorbei war. Doch dann standen sie endlich fest, die finalen Ergebnisse von monatelanger harter Plagerei.

Die Altparteien blieben selbstverständlich ihrer Linie treu. Die csU verliert seit 1996 weiterhin kontinuierlich an Stimmen, die lolSPD seit 2002. Never change a winning Team. Nur so am Rande erwähnt, stieg die Wahlbeteiligung erstmals wieder an, nachdem sie seit 1978 stetig sank. Ich sag mal im Namen von Die PARTEI, welche laut Eva Weber Mitschuld an der Politikverdrossenheit der Menschen ist: gern geschehen!

Doch nun zu uns. Zuerst die Oberbürgermeisterwahl. Wie von uns angenommen, fuhr Lisa das beste Ergebnis einer Oberbürgermeisterkandidatin von Die PARTEI bei einer Wahl in Augsburg seit Kriegsende ein. Ganze 1.896 Stimmen, und damit 2% des Wahlviehs wurden überzeugt. Locker ließ man somit die Kandidaten der Spaßpartei FDP, der Pro Augsburg, die Grünen-Light, also die ÖDP, Augsburg in Bürgerhand, die radikalen Veganer und die WSA hinter sich. Ein großes Dankeschön an dieser Stelle an die

Innenstadt, in der mit 566 Stimmen die meisten für Lisa abgegeben wurden. Und ein dickes Merci auch an Augsburg-Oberhausen, mit 3,4% der stimmstärkste Bezirk. Absolut ehrenhaft! Negativ erwähnt sei an dieser Stelle Bergheim. Sowohl mit 0,8%, als auch nur 11 abgegebenen Stimmen für Lisa der schlechteste Bezirk. Bin wie ein Wirt in einer Kneipe, bei dem ein alkoholfreies Bier bestellt wird. Ich bin nicht sauer, nur sehr, sehr enttäuscht von euch!

Anhand dieser Erfolgszahlen lässt sich natürlich schon erahnen, was noch folgen sollte. „Mandate sind Unfälle", sagte einst unser GröVaZ Martin Sonneborn. Und genau so einen haben wir dann auch verursacht. Mit steinstabilen 76.557 Stimmen und geschmeidigen 1,5%, natürlich auch wie vorher gesagt das beste Ergebnis bei einer Kommunalwahl in Augsburg für Die PARTEI seit Kriegsende, zogen wir mit einem Sitz triumphierend in den Augsburger Stadtrat ein. Die Ehre hatte natürlich unsere Oberbürgermeisterkönigin Lisa mit satten 11.229 Stimmen. Alle Ehre! Gelobt sei hier wieder mal die Innenstadt, mit 2,3% und 23.688 Stimmen unser stärkstes Viertel. Schande geht mal wieder über das Haupt von Bergheim, mit 0,5% und 366 Stimmen unser ausbaufähigster Bezirk. Wenn wir eines Tages herausgefunden haben, wo Bergheim überhaupt liegt, dann sieht es nach unserer Machtübernahme aber düster für euch aus.

Persönlich, und das sei an dieser Stelle erlaubt, möchte ich mich auch bei den Menschen in der Innenstadt für mein bestes Ergebnis von 1.859 Stimmen bedanken. Ein riesiges Dankeschön diesmal an die Bewohner von Bergheim. Ohne zu wissen wo dieser Ort liegt, noch ihn je betreten zu haben (wird wohl auch nie passieren), konnte ich ganze 29 Stimmen gewinnen. Hurra! Gegen Beweisvorlage der Stimme werde ich euch als Belohnung 0,5% Preisnachlass auf dieses

Buch geben. Hat sich also schon gelohnt für euch. Als Gesamtpaket konnte ich als Politiker mit niederbayerischen Migrationshintergrund in der Schwaben-Light Hauptstadt 5.981 Stimmen zum Erfolg beitragen. Ich bin stolz wie Bolle. Ein voller Erfolg! Und um all diese Infos zu verarbeiten, habt ihr gerade eine schöne Erinnerung aus eurer Kindheit gelöscht. Keine Ursache!

Komplett anders sah das natürlich wieder mal unser guter Kumpel Siggi, der sich nun ein letztes Mal ungefragt zu Wort meldete:

Eine weitere positive Nachricht ist der Umstand, dass die "Unwählbaren" wenig erreicht haben: Die PARTEI, Generation Aux und die WSA ziehen mit jeweils nur einer Person in den Stadtrat ein. Alle Listen der Kleinen darf man als Aufwandsträger ihrer Frontmänner bezeichnen: Ausnahme: Die Partei, eine

11-Personen-Liste, auf der Lisa McQueen als pfiffige OB-Kandidatin von Platz 8 auf Platz 1 vorgewählt wurde (DAZ-Artikel vom 18.03.2020).

Also irgendwie werde ich aus diesem Sensationsreporter nicht schlau. Steht er jetzt auf der Seite von Die PARTEI oder doch nicht? Ein ewiges Mysterium. Leider verkennt er auch, dass oft schon „nur eine Person" die Weltgeschichte entscheidend verändern kann. Sei es zum positiven oder negativen. Hätte Martin Sonnborn 2004 Die PARTEI nicht gegründet, würde ich das hier alles nicht schreiben. Und hätte Anton Drexler 1919 nicht die Deutsche Arbeiterpartei gegründet, dann … ach lassen wir das. Eine viel realistischere Einschätzung der Sachlage liefert dagegen Arno Loeb:

Sensationell ist die Reinwahl der sogenannten Oberbürgermeisterkönigin Lisa McQueen von der Partei Die PARTEI. Mit viel weniger Kohle, aber mit viel mehr originellen Ideen als Wurm, Weber und Wild zusammen konnte sie die meiste Aufmerksamkeit und über 11.000 Stimmen auf sich ziehen. Wir reichen ihr dafür einen großen Strauß mit Augsburg-Blümchen! Es wird mit ihr viel lustiger im Augsburger Stadtrat (Artikel vom 24.03.2020)!

Den Strauß Augsburg-Blümchen überreiche ich virtuell auch sehr gerne. Der Einschätzung, dass der Augsburger Stadtrat „viel lustiger" wird, dem ist Aufgrund des großartigen Kreisverband Augsburg der sehr guten Partei Die PARTEI, nichts mehr hinzuzufügen. Aber das ist eine andere Geschichte, die erst noch erzählt werden muss.